Schaum's Foreign Language Series

Communicating in French

Intermediate Level

Conrad J. Schmitt

McGraw-Hill, Inc.

New York   St. Louis   San Francisco   Auckland   Bogotá
Caracas   Hamburg   Lisbon   London   Madrid   Mexico   Milan
Montreal   New Delhi   Paris   San Juan   São Paulo
Singapore   Sydney   Tokyo   Toronto

Sponsoring Editors: John Aliano, Meg Tobin
Production Supervisor: Denise Puryear
Editing Supervisors: Patty Andrews, Maureen Walker

Text Design and Composition: Literary Graphics
Cover Design: Merlin Communications and Amy E. Becker
Illustrations: Caliber, a division of Phoenix Color Corporation
Printer and Binder: R.R. Donnelley and Sons Company

Cover photographs courtesy of the French Government Tourist Office

Communicating in French Intermediate Level

3 4 5 6 7 8 9 10 11 12 13 14 15 **DOH DOH** 9 8 7 6 5 4 3 2 1

ISBN 0-07-056646-1

Library of Congress Cataloging-in-Publication Data
Schmitt, Conrad J.
    Communicating in French. Intermediate level / Conrad J. Schmitt.
        p.   cm. — (Schaum's foreign language series)
    ISBN 0-07-056646-1
    l. French language — Conversation and phrase books — English.
  I. Title.   II.   Series.
PC2129.E5S342   1991
448.2'421--dc20   90-5580
                                                                        CIP

About the Author

Conrad J. Schmitt

Mr. Schmitt was Editor-in-Chief of Foreign Language, ESL, and bilingual publishing with McGraw-Hill Book Company. Prior to joining McGraw-Hill, Mr. Schmitt taught languages at all levels of instruction, from elementary school through college. He has taught Spanish at Montclair State College, Upper Montclair, New Jersey; French at Upsala College, East Orange, New Jersey; and Methods of Teaching a Foreign Language at the Graduate School of Education, Rutgers University, New Brunswick, New Jersey. He also served as Coordinator of Foreign Languages for the Hackensack, New Jersey Public Schools. Mr. Schmitt is the author of *Schaum's Outline of Spanish Grammar, Schaum's Outline of Spanish Vocabulary, Español: Comencemos, Español: Sigamos,* and the *Let's Speak Spanish* and *A Cada Paso* series. He is the coauthor of *Español: A Descubrirlo, Español: A Sentirlo, La Fuente Hispana,* the McGraw-Hill Spanish: *Saludos, Amistades, Perspectivas, Le Français: Commençons, Le Français: Continuons,* the McGraw-Hill French: *Rencontres, Connaissances, Illuminations, Schaum's Outline of Italian Grammar, Schaum's Outline of Italian Vocabulary,* and *Schaum's Outline of German Vocabulary.* Mr. Schmitt has traveled extensively throughout France, Martinique, Guadeloupe, Haiti, North Africa, Spain, Mexico, the Caribbean, Central America, and South America. He presently devotes his full time to writing, lecturing, and teaching.

Preface

To the Student

The purpose of the series *Communicating in French* is to provide the learner with the language needed to survive in situations in which French must be used. The major focus of the series is to give the learner essential vocabulary needed to communicate in everyday life. The type of vocabulary found in this series is frequently not presented in basal textbooks. For this reason, many students of French are reduced to silence when they attempt to use the language to meet their everyday needs. The objective of this series is to overcome this frustrating problem and to enable the learner to express himself or herself in practical situations.

The series consists of three books, which take the learner from a novice or elementary level of proficiency to an advanced level. The first book in the series presents the vocabulary needed to survive at an elementary level of proficiency and is intended for the student who has not had a great deal of exposure to the French language. The second book takes each communicative topic and provides the student with the tools needed to communicate at an intermediate level of proficiency. The third book is intended for the student who has a good basic command of the language but needs the specific vocabulary to communicate at a high intermediate or advanced level of proficiency. Let us take the communicative topic "speaking on the telephone" as an example of the way the vocabulary is sequenced in the series. The first book enables the novice learner to make a telephone call and leave a message. The second book expands on this and gives the learner the tools needed to place different types of calls. The third book provides the vocabulary necessary to explain the various problems one encounters while telephoning and also enables the speaker to get the necessary assistance to rectify the problems.

Since each chapter focuses on a real-life situation, the answers to most exercises and activities are open-ended. The learner should feel free to respond to any exercise based on his or her personal situation. When doing the exercises, one should not focus on grammatical accuracy. The possibility of making an error should not inhibit the learner from responding in a way that is, in fact, comprehensible to any native speaker of the language. If a person wishes to perfect his or her knowledge of grammar or structure, he or she should consult *Schaum's Outline of French Grammar, 3/ed.*

In case the student wishes to use this series as a reference tool, an Appendix appears at the end of each book. The Appendix contains an English-French vocabulary list that relates to each communicative topic presented in the book. These topical lists are cumulative. The list in the third book contains all the words in the first, second, and third books that are related to the topic.

In each lesson, the section entitled **Situations** sets up hypothetical situations the learner may encounter while attempting to survive in a French-speaking milieu. In carrying out the instructions in these activities, the student should react using any French he or she knows. Again, the student should not be inhibited by fear of making an error.

The section entitled **Coup d'œil sur la vie** gives the learner the opportunity to see and read realia and articles that come from all areas of the French-speaking world. The intent of this section is to give the learner exposure to the types of material that one must read on a daily basis. It is hoped that the learner will build up the confidence to take an educated guess at what "real things" are all about without necessarily understanding every word. Communicating in the real world very often involves getting the main idea rather than comprehending every word.

To the Instructor

The series *Communicating in French* can be used as a self-instruction tool or as a supplement to any basal text. The first book is intended for novice to low intermediate speakers according to the ACTFL Guidelines. The second book provides the type of vocabulary needed to progress from a low to high intermediate level of proficiency, and the third book, from the high intermediate to the advanced level.

The series is developed to give students the lexicon they need to communicate their needs in real-life situations. It is recommended that students be permitted to respond to the exercises and activities freely without undue emphasis on syntactical accuracy.

Accompanying Cassette

The first and second books in this series can be purchased separately or with an audio cassette. All vocabulary items are recorded on the cassette to provide students with a pronunciation model. A pause for student repetition is provided. In addition to the vocabulary items, the conversations are recorded to provide students with the opportunity to improve their listening comprehension skills.

To order a book with its accompanying cassette, please specify ISBN 0-07-0911018-5 for the elementary level package and ISBN 0-07-0911019-3 for the intermediate level package. For the latest prices, please call McGraw-Hill's customer relations department at 1-800-338-3987.

Conrad J. Schmitt

Contents

Le téléphone

Vocabulaire

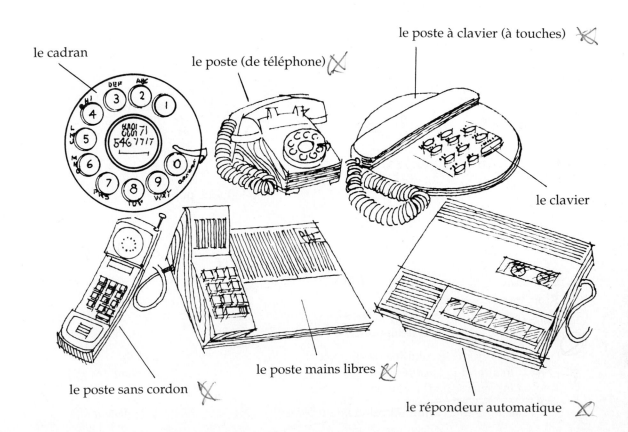

le cadran

le poste (de téléphone)

le poste à clavier (à touches)

le clavier

le poste sans cordon

le poste mains libres

le répondeur automatique

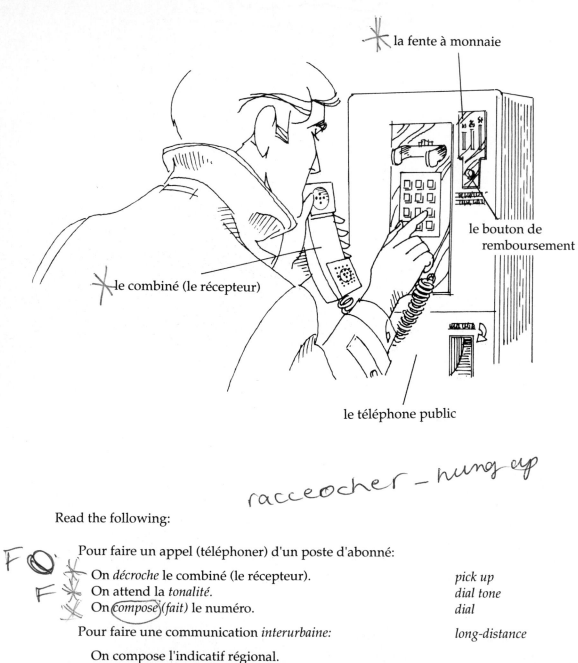

la fente à monnaie

le bouton de
remboursement

le combiné (le récepteur)

le téléphone public

racceocher — hung up

Read the following:

Pour faire un appel (téléphoner) d'un poste d'abonné:

On *décroche* le combiné (le récepteur).   pick up
On attend la *tonalité*.   dial tone
On *compose* (fait) le numéro.   dial

Pour faire une communication *interurbaine*:   long-distance

On compose l'indicatif régional.
Et ensuite on compose le numéro qu'on désire.

Exercice 1   Answer the questions based on the illustration.

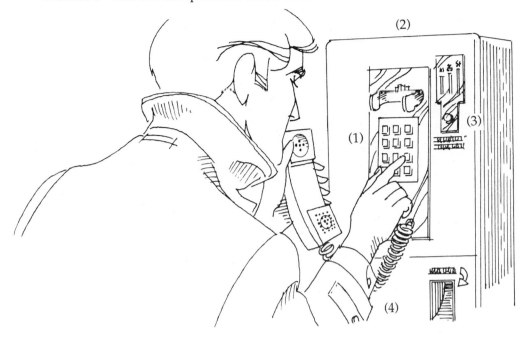

1. C'est un appareil à cadran ou à clavier?
2. C'est un téléphone public ou privé?
3. C'est la fente à monnaie ou le bouton de remboursement?
4. Monsieur décroche le combiné ou fait-il le numéro?

Exercice 2   Identify the following items.

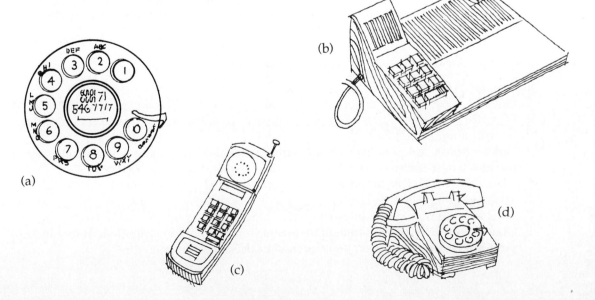

Exercice 3   Complete the following telephone story.

Françoise veut téléphoner à un ami. Elle fait l'appel d'un téléphone privé, pas d'un téléphone public. Elle _decroche_ le combiné et attend _la tonalité_ Ensuite elle _Compose_ le numéro de téléphone de son ami. Si elle fait une communication interurbaine, elle fait aussi le 16. Le 16 c'est _____.

Exercice 4   Answer the following personal questions.

1. Quel est votre numéro de téléphone? _215 – 9844_
2. Quel est votre indicatif régional? _708_
3. De votre poste de téléphone, on peut composer en automatique une communication interurbaine? _Yes_
4. De votre poste, on peut faire un appel international en automatique ou faut-il le faire en manuel—c'est-à-dire en appelant l'opérateur (l'opératrice)? _automatic_
5. Chez vous, vous avez un poste à clavier ou à cadran? _le poste de clavor_
6. Vous avez un poste sans cordon? _Oui_
7. Vous avez un répondeur automatique? _Non_
8. Quand vous téléphonez à quelqu'un et vous tombez sur son répondeur automatique, vous laissez un message ou vous raccrochez *(hang up)* sans rien dire?

raccrochez sans

Sortes de communication

la communication locale
la communication *interurbaine*   *toll, long-distance*
la communication internationale
la communication *avec préavis*   *person-to-person*
la communication *en P.C.V.*   *collect*
la communication avec indication de durée et de prix   *l'operateur*
la communication par carte de crédit   *idea of bill*

Exercice 5 Identify the types of telephone calls described.

1. un appel de New York à Los Angeles *interurbaine*
2. un appel entre deux abonnés dans la même ville *locale*
3. un appel de Chicago aux Etats-Unis et Nantes en France *interbaine*
4. un appel que vous ne faites pas de chez vous mais dont vous voulez payer (les frais de) la communication *P.C.V*
5. l'opérateur ou l'opératrice vous donnera la communication quand la personne que vous avez demandée sera au bout du fil *avec préavis*
6. une communication que votre correspondant paiera, pas vous *avec préavis*
   locale

Communication

Un coup de fil

MAURICE	Allô.
MARC	Allô, Maurice?
MAURICE	Oui, c'est moi-même. Qui est à l'appareil?
MARC	Ici, Marc. (C'est Marc.)
MAURICE	Ah, Marc. C'est toi. Comment vas-tu, mon *frère*?

*term used
meaning
"good friend"*

Exercice 6 Answer.

1. Allô.
2. Qui est à l'appareil?

Un coup de fil

—Allô.
—Allô. M. Gaudin, s'il vous plaît?
—Ah. Je suis désolé, Madame. M. Gaudin n'est pas là.
—Je peux lui laisser un message?
—Oui, Madame. Un petit moment, s'il vous plaît. Ne quittez pas.
  (*Une seconde plus tard*)
  C'est de la part de qui, s'il vous plaît?
—De la part de (*give your name*).
—Et quel est le message?
—Veuillez lui dire de me rappeler demain matin au 45 54 16 80.
—D'accord, Madame.

Exercice 7   Answer the questions according to the cues.

1. Vous donnez un coup de fil à qui?   *mon ami(e)*
2. Il (Elle) répond au téléphone?   *non*
3. Qui répond?   *sa mère*
4. Votre ami(e) est là?   *non*
5. Vous pouvez lui laisser un message?   *oui*
6. Quel est votre message?   *me rappeler demain matin*

Exercice 8   Carry out the following in French.

1. The telephone just rang. Answer it and say something.
2. Ask who is calling.
3. The person calling wants to speak with Madame Villancourt. Explain that she is not in.
4. Ask the caller if she would like (**voudriez-vous**) to leave a message.

Vocabulaire

Read the following directions for using a public telephone:

Décrocher le récepteur (combiné). — pick up
Introduire la monnaie (ou le jeton) dans la fente.
Attendre la tonalité.
Faire (Composer) le numéro.
Attendre la réponse de votre correspondant(e).
Appuyer sur le bouton.   *Press*
Commencer à parler.
Raccrocher en terminant la communication.   *Hang up*

Vous pouvez faire des appels en employant une télécarte qui est obtenue au tabac ou au bureau de poste. Vous demandez la quantité d'unités que vous désirez. En faisant un appel vous introduisez votre télécarte dans une fente. Les unités utilisées pour l'appel seront prélevées *(charged)* automatiquement. Vous pouvez vous servir de votre télécarte pour des appels locaux ou internationaux.

Exercice 9   Complete the following statements.

1. Avant de faire un coup de fil d'un téléphone public, il faut _décroche_ le combiné. Un autre mot qui veut dire «combiné» est _le recepteur_.
2. En faisant un appel d'un téléphone public, il faut introduire ou une _monnaie_ ou un _jeton_ dans la _fente_.
3. Ensuite on doit attendre _la tonalité_ avant de _composer_ le numéro qu'on désire.
4. On écoute la tonalité et on attend la réponse du _Notre_ ou de la _correspond_.
5. En utilisant un vieux téléphone public, il faut _Appuyer_ sur le bouton au moment où le correspondant répond. Si non, le correspondant n'entendra rien.
6. Si la personne à qui vous voulez parler (votre correspondant[e]) n'est pas là, il est presque toujours possible de lui _laisser_ un message.
7. Si personne ne répond au téléphone, on doit _raccrocher_ et essayer de rappeler plus tard.

Exercice 10   Choose the correct completion.

1. Avant de faire une communication, il faut _____ le combiné.
   a. raccrocher   b. introduire   c. décrocher
2. Si l'on fait un coup de fil d'un téléphone public, il faut introduire une pièce de monnaie ou un jeton dans _____.
   a. le poste   b. la fente   c. le cadran
3. On doit attendre _____ avant de composer (faire) le numéro.
   a. le combiné   b. l'indicatif   c. la tonalité
4. On compose le numéro avec _____.
   a. le combiné   b. l'appareil   c. le cadran
5. Si l'on veut faire une communication interurbaine, on doit savoir _____.
   a. le clavier   b. le cadran   c. l'indicatif régional
6. Quand le correspondant répond, on _____.
   a. dit «Allô»   b. raccroche   c. fait une commission
7. Si l'on veut faire une communication _____, il faut passer par le standardiste (l'opérateur).
   a. avec préavis   b. locale   c. interurbaine

SITUATIONS

Activité 1

You are speaking with a telephone operator in Paris.
1. You want to call a friend or relative in the States, but you do not know the country code. Ask the operator.
2. Ask the operator to give you the area code for Chicago.
3. Ask the operator if you can dial the international call directly.
4. The operator wants to know what kind of call you want to make. Tell him.

Activité 2

You are spending the summer studying in Paris. You call a Parisian friend whom you met in school.
1. You know it is not your friend who answered. Ask if he is there.
2. The person who answered the phone wants to know who is calling. Tell her.
3. She informs you that your friend is not in. Ask her if you can leave a message.
4. Give her the message.

Chapitre 2

Le bureau de poste

Vocabulaire

l'adresse de l'expéditeur — le timbre

M. Louis Bourcier
831 rue des Ecoles
75006 Paris

Melle Françoise Duhamel
75 promenade des Anglais
06000 Nice

l'adresse du destinataire

l'enveloppe

le code postal

Exercice 1 Identify the following based on the preceding envelope.

1. M. Louis Bourcier
2. 831 rue des Ecoles
3. 75 promenade des Anglais
4. 75006
5. deux francs

Exercice 2 Give the following personal information.

1. votre nom
2. votre adresse
3. votre ville
4. votre état
5. votre code postal

le paquet (le colis)   la balance

le facteur (le préposé aux postes)

la boîte aux lettres

Read the following:

> Je vais envoyer cette lettre *recommandée.*   *certified*
> Pour les envois recommandés, il faut *s'adresser* à l'autre   *go to, present*
>   guichet.   *yourself*
> La boîte postale est une boîte que le client a à la poste.

Le facteur distribue (délivre) le courrier.
On délivre le courrier tous les jours *sauf* le dimanche.   *except*

Madame Laserre fait sa correspondance.

Exercice 3   Complete the following statements.

1. Le facteur _____ le _____ tous les matins vers onze heures.
2. Moi, j'ai une _____ postale. Pour cette raison on ne délivre pas le courrier chez moi. Je vais chercher mon courrier à la _____.
3. Si l'on veut savoir combien pèse un colis (paquet), il faut le mettre sur la _____.
4. Cette lettre est très importante. Je vais l'envoyer _____.

Communication

Au bureau de poste

EMPLOYE	Oui, Monsieur.
CLIENT	Je voudrais envoyer cette lettre recommandée.
EMPLOYE	D'accord, Monsieur. Remplissez cette formule. Ecrivez en *lettres d'imprimerie* l'adresse du destinataire.

print, block letters

Exercice 4   Answer the questions based on the preceding conversation.

1. Comment l'homme veut-il envoyer sa lettre?
2. Il parle à qui?
3. Qu'est-ce qu'il doit remplir?
4. Qu'est-ce qu'il doit écrire sur la formule?
5. Comment doit-il l'écrire?

A la poste

EMPLOYE	Oui, Madame.
CLIENTE	Je voudrais envoyer ce paquet aux Etats-Unis.
EMPLOYE	Vous voulez l'*assurer*?
CLIENTE	Oui, je crois que c'est une bonne idée. C'est assez fragile le paquet.
EMPLOYE	Pour quelle valeur?
CLIENTE	La valeur?
EMPLOYE	Oui, la somme pour laquelle vous voulez l'assurer.
CLIENTE	Ah, mille francs.

to insure

Exercice 5   Answer the questions based on the preceding conversation.

1. Où est la femme?
2. Qu'est-ce qu'elle veut envoyer?
3. Elle veut l'envoyer où?
4. Comment est le paquet?
5. Elle veut l'assurer?
6. Pour combien?

SITUATIONS

Activité 1

You are in Lyon and you want to send a letter to Paris. Ask someone what the zip code for Paris is, but, be careful. In order to get the zip code, you have to know the **arrondissement** (section of the city). The number of the **arrondissement** serves as the last digit(s) of the zip code. You want to send the letter to someone who lives in the 16th **arrondissement.**

Activité 2

You have rented an apartment for the summer in Paris. You would like to know at what time the mail is delivered. Ask the concierge.

COUP D'ŒIL SUR LA VIE

Activité 1

Read the following information about the post offices in Paris.

> Les bureaux de poste à Paris sont ouverts du lundi au vendredi de 8 à 19 h, le samedi de 8 à 12 h seulement. Les plus importants (les bureaux centraux) sont ouverts le dimanche matin pour certaines opérations urgentes.

Give the following based on the information you just read.

les heures d'ouverture des bureaux de poste parisiens

Activité 2

Read the following information concerning special correspondence.

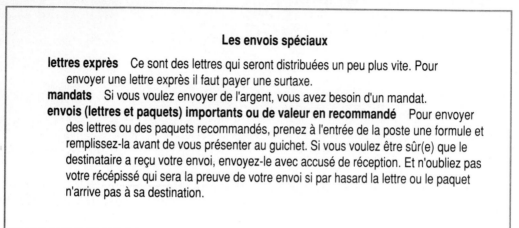

Tell in French what it is that you need.

1. Vous voulez envoyer une lettre qui arrivera le plus vite possible.
2. Vous voulez envoyer une lettre qui est vraiment très importante.
3. Vous voulez quelque chose qui servira de preuve que vous avez fait un envoi.
4. Vous voulez savoir si le destinataire a reçu ce que vous lui avez envoyé.
5. Vous voulez envoyer de l'argent à quelqu'un.

Chapitre 3

La banque

Vocabulaire

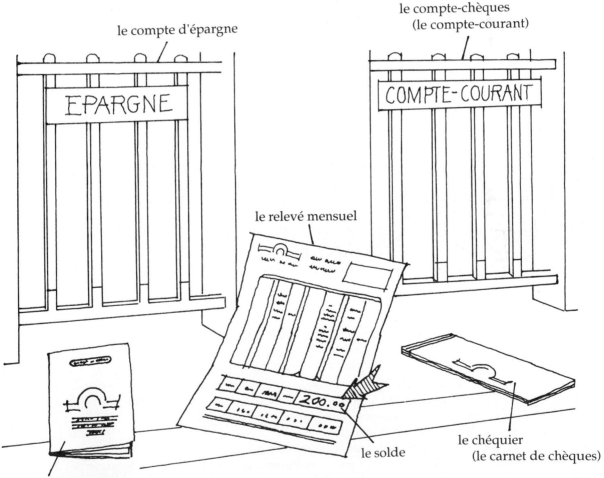

le compte d'épargne

le compte-chèques
(le compte-courant)

EPARGNE

COMPTE-COURANT

le relevé mensuel

le solde

le chéquier
(le carnet de chèques)

le livret d'épargne

NOTE   Many people in France have their checking account with the post office rather than with a bank. The checks are referred to as **chèques postaux.**

Le client touche le chèque.
La banque encaisse le chèque.

Read the following:

endosser un chèque
faire un versement (verser, déposer, faire un dépôt)
retirer une somme d'argent du compte

Exercice 1   Choose the correct completion.

1. Sylvie veut mettre son argent de côté. Elle doit ouvrir _____.
   a. un compte-chèques
   b. un bureau de change
   c. un compte d'épargne
2. Si elle veut économiser (épargner) beaucoup d'argent, il lui faudra _____.
   a. verser beaucoup d'argent dans son compte d'épargne
   b. toucher beaucoup de chèques
   c. retirer une grande somme d'argent de son compte d'épargne
3. Sylvie ne veut pas toujours payer en liquide. Elle trouve plus facile payer par chèque parce qu'elle a _____.
   a. beaucoup d'argent liquide
   b. un compte-chèques à la banque
   c. un compte d'épargne

4. Il ne lui reste plus de chèques. Elle a besoin _____.
   a. d'un autre carnet de chèques
   b. d'un livret d'épargne
   c. de plus d'argent
5. Avant de toucher un chèque, il faut _____.
   a. le verser
   b. le retirer
   c. l'endosser

Communication

A la banque

CLIENTE   Je voudrais ouvrir un compte-chèques, s'il vous plaît.

BANQUIER   Oui, Madame. Vous avez rempli le formulaire?

CLIENTE   Oui. Le voici.

BANQUIER   Merci. Et vous voulez faire un versement (dépôt) initial de combien de francs, Madame?

CLIENTE   De deux mille francs. Et vous pouvez transférer à mon compte-courant deux mille francs de mon compte d'épargne?

BANQUIER   Mais oui, Madame. Vous avez votre livret? *(Quelques minutes plus tard)* Et voilà, Madame. Et vous aurez votre carnet de chèques en cinq jours.

Exercice 2   Answer the questions based on the preceding conversation.

1. Qu'est-ce que Madame Bouvier veut ouvrir? *un compte-chèques*
2. Elle a rempli le formulaire? *— Oui*
3. Elle veut verser (déposer) combien d'argent dans le compte? *2 mille*
4. D'où va-t-elle retirer l'argent? *Cinq jour*
5. Elle a un compte d'épargne à la même banque? *— Oui*
6. Est-ce que Madame Bouvier va transférer les deux mille francs de son compte d'épargne dans son compte-chèques? *Oui Non Non*
7. Est-ce que le banquier prélève cette somme de son compte d'épargne? *— Cinq jour oui*
8. Quand est-ce que Madame Bouvier recevra son carnet de chèques?

Exercice 3   Answer the following questions based on your own financial affairs. You can make up fictitious answers if you wish.

1. Vous avez beaucoup d'argent?
2. Vous avez un compte d'épargne?
3. En quelle banque avez-vous ce compte?
4. Vous versez beaucoup d'argent dans votre compte?
5. Vous aimez économiser et mettre de l'argent de côté?
6. Vous faites des versements mensuels (chaque mois), hebdomadaires (chaque semaine), ou trimestriels (quarterly)?
7. Vous avez aussi un compte-chèques?
8. Vous préférez payer vos factures en liquide ou par chèque?
9. Quel est le solde actuel de votre compte-courant?
10. Est-ce que la banque vous donne un relevé mensuel de votre compte?
11. En parlant des finances personnelles, avez-vous des cartes de crédit?
12. Vous vous en servez souvent?

SITUATIONS

Activité 1

You are working in a bank in a city in the United States. A client of French-speaking background whose English is somewhat limited comes in. Assist him by speaking French with him.
1. Ask him if he wants to open a savings account or a checking account.
2. Ask him how much he wants to deposit in the account.
3. Explain to him that he must always have a balance of $100.

Activité 2

You are traveling through France and you have become quite friendly with Yvette Chanterelle, who is from Grenoble. One day while seated at a café, you start to talk about money matters but not of a very personal nature, since that would not be very French.
1. Yvette wants to know if credit cards are very popular in the United States. Tell her.
2. She wants to know if people in the United States save a lot of money. Tell her what you think.
3. She wants to know if you have a checking account. Tell her.
4. She wants to know if in the United States you can pay a restaurant check (**l'addition**) with a personal check. Tell her.
5. Explain to Yvette that most people in the United States pay a restaurant check with either cash or a credit card. Tell her that many restaurants and stores do not accept personal checks.

COUP D'ŒIL SUR LA VIE

Activité 1

Read the following advertisement concerning trips to the United States. Even a travel advertisement has quite a bit of financial vocabulary.

CIRCUITS ACCOMPAGNÉS EN AMÉRIQUE : COMMENT PAYER MOINS CHER

Vous désirez faire un voyage de rêve en Amérique du Nord. Et, aussi, obtenir le meilleur prix possible. Nos prix, basés sur un dollar encore sous-évalué, sont plus qu'attrayants.

Fort de 26 ans d'expérience, je vous fais bénéficier, en outre, de notre réduction "Early Bird", d'autant plus forte que vous vous inscrivez plus tôt. Avec un minimum de 1000 francs* par personne – si vous vous inscrivez avant le 28 Février de cette année — et un maximum de 18%.

Acheter tôt à bon compte, c'est bien. Etre sûr du prix définitif, c'est

encore mieux. Aussi, pour vous protéger de la hausse éventuelle du dollar, je vous propose notre option "prix garanti": 70% d'acompte à l'inscription et le prix de votre voyage ne peut ensuite être révisé qu'à la baisse.

CAMINO assure plus de 250 départs en 1989 sur 11 itinéraires avec ses accompagnateurs bilingues. Vols réguliers et hôtels de 1er ordre.

Renseignements : votre agence de voyage ou CAMINO
21, rue A. Charpentier
75017 PARIS
Tél. : (1) 45.72.06.11.

*Sur tous circuits accompagnés sauf Floridarama et Berceaux version Express (500 francs).

Edifrance   LIC A 478

Camino

L'Amérique en version française

Gilbert Massé,
Président fondateur de CAMINO.

Find the French equivalents for the following expressions in the advertisement you just read.

1. the best price possible
2. how to pay less
3. an undervalued dollar
4. to benefit from our "Early Bird" discount
5. guaranteed price
6. eventual increase in the dollar
7. 70 percent down payment upon signing up
8. revised downward

Activité 2

Read the following advertisement for Crédit Lyonnais, a very large French bank.

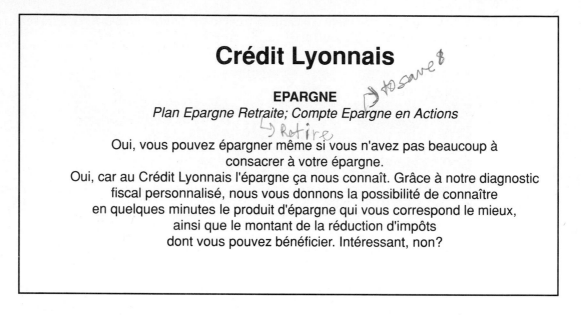

Find an equivalent expression for each of the following in the advertisement you just read.

1. l'employé de la banque
2. mettre de l'argent de côté
3. faire des économies, économiser
4. les taxes

Match each expression in the first column with its equivalent in the second column.

1. _____ consacrer   a. financial plan (analysis)
2. _____ le montant   b. amount
3. _____ le produit d'épargne   c. tax savings
4. _____ vous correspond   d. to put aside, devote to
5. _____ le diagnostic fiscal   e. savings plan
6. _____ la réduction d'impôts   f. suits or fits you
7. _____ bénéficier   g. to profit or benefit from

Chapitre 4

Un voyage en avion

Vocabulaire

A l'aéroport

Les passagers récupèrent leurs bagages.

Exercice 1   Answer the questions based on the illustration.

1. C'est un billet ou une carte d'embarquement?
2. C'est un talon ou une étiquette?
3. C'est une valise ou une mallette?
4. C'est le contrôle de sécurité ou la porte d'embarquement?
5. C'est l'immigration ou la douane?

Read the following:

A l'aéroport principal de la capitale il y a deux aérogares (terminaux). Les vols intérieurs partent de l'aérogare nord et les vols internationaux partent de l'aérogare sud.

un vol international   un vol qui part pour un pays étranger ou qui arrive d'un pays étranger

un vol intérieur   un vol dont la destination ou le lieu de provenance est dans le même pays

Exercice 2   Give the opposite of each of the following expressions.

1. intérieur
2. étranger
3. l'arrivée
4. à destination de
5. le nord
6. le départ
7. en provenance de

Exercice 3   Try to explain the following in your own words.

A l'aéroport principal de la capitale, il y a deux aérogares ou terminaux. Pourquoi?

Communication

Dans le taxi

PASSAGER	L'aéroport, s'il vous plaît.
CHAUFFEUR	(Vous voulez) l'aérogare sud ou nord?
PASSAGER	Franchement je ne sais pas. Je ne suis pas d'ici.
CHAUFFEUR	Vous allez où alors?
PASSAGER	Je vais à Chicago.
CHAUFFEUR	Dès que vous prenez un vol international on va à l'aérogare sud. L'aérogare nord est pour les vols intérieurs.

Exercice 4   Answer the questions based on the preceding conversation.

1. Le passager parle à qui?
2. Il veut aller où?
3. Il doit aller à quelle aérogare?
4. Monsieur le passager va où?
5. Son vol va partir de quelle aérogare?
6. Pour quoi ça?

Exercice 5   Read the following announcement.

Mesdames et Messieurs:
  Vol Air France 208 à destination de Fort-de-France. Tous les passagers
sont priés de se présenter au contrôle de sécurité. Embarquement
immédiat porte B8.

Give the following information based on the announcement you just read.

1. la ligne aérienne qui fait l'annonce
2. le numéro du vol
3. la destination du vol
4. le numéro de la porte d'embarquement

On récupère les bagages

PASSAGERE	Pardon, Monsieur. Vous pouvez me dire où je peux récupérer mes bagages?
AGENT	Vous êtes arrivée sur quel vol, Madame?
PASSAGERE	Le vol Air France 500 de New York.
AGENT	Les bagages du vol 500 vont arriver sur la *bande* D. *belt*
PASSAGERE	La bande D?
AGENT	Oui, Madame. Et si vous n'avez rien à déclarer à la douane, vous pouvez suivre la flèche verte.
PASSAGERE	D'accord, Monsieur, et merci.
AGENT	Je vous en prie, Madame.
	(Quelques minutes plus tard)
PASSAGERE	Monsieur, vous pouvez m'aider avec ces valises?
PORTEUR	Oui, Madame. Vos talons, s'il vous plaît.
PASSAGERE	Oui, Monsieur. Les voici.

Exercice 6 Answer the questions based on the preceding conversation.

1. Madame Tonone veut faire enregistrer ses bagages ou elle veut récupérer les bagages?
2. Elle est arrivée sur un vol en provenance de Chicago ou en provenance de New York?
3. Ses bagages vont arriver sur la bande D ou sur l'écran D?
4. Si Madame n'a rien à déclarer, elle peut suivre la flèche rouge ou la flèche verte?
5. Qui va aider Madame avec ses valises? L'agent de la ligne aérienne ou le porteur?
6. Le porteur veut voir ses talons ou ses billets?

Vocabulaire

A bord de l'avion

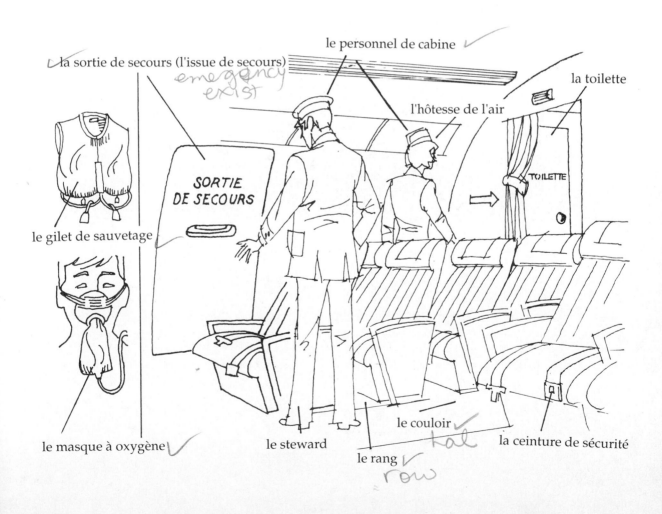

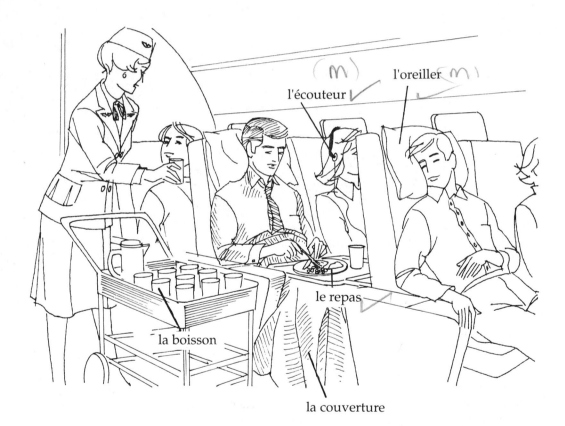

l'écouteur

l'oreiller

la boisson

le repas

la couverture

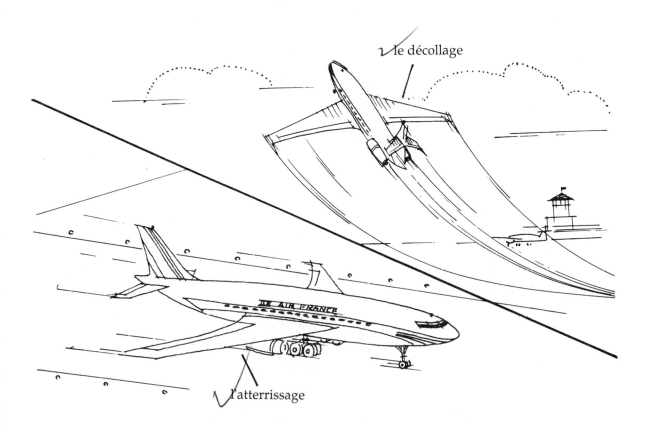

le décollage

AIR FRANCE

l'atterrissage

Exercice 7   Answer the following questions.

1. C'est le siège ou le rang qui donne sur le couloir?
2. C'est le personnel de cabine ou l'agent de la ligne aérienne qui travaille à bord de l'avion?
3. On peut se laver les mains dans le rang de l'avion ou dans les toilettes?
4. En cas de changement de la pression de l'air, les passagers doivent se servir du gilet de sauvetage ou du masque à oxygène?
5. Les passagers doivent attacher les ceintures de sécurité ou mettre les gilets de sauvetage pendant le décollage et l'atterrissage?
6. Les passagers doivent mettre le gilet de sauvetage ou le masque à oxygène dans le cas imprévu d'un amerissage (un atterrissage dans la mer)?
7. Les passagers embarquent ou débarquent après l'atterrissage?
8. C'est le commandant ou le personnel de cabine qui sert les repas et les boissons à bord de l'avion?

Communication

Une annonce

Mesdames et Messieurs:

Nous informons tous nos passagers qu'il est défendu de fumer pendant le décollage et l'atterrissage, dans les couloirs, dans la zone non fumeurs, dans les toilettes et quand la consigne lumineuse est allumée.

Exercice 8   Based on the preceding announcement, give equivalent expressions.

1. nos clients
2. le moment d'atterrir
3. la section non fumeurs
4. il est interdit
5. le moment de décoller

SITUATIONS

Activité 1

You are on your way to de Gaulle Airport in Roissy near Paris. You want to go to the terminal for domestic flights. Tell the taxi driver.

Activité 2

You are in Orly Airport in Paris and your flight to Bordeaux has been delayed. You want to know at what time the flight will now leave and from what gate. Ask an agent.

Activité 3

You just arrived at the airport in Nantes on a flight from New York.
1. You want to know where to go to claim your luggage. Ask someone.
2. After you claim your bags, you proceed to customs. The agent wants to know if you have anything to declare. Tell her.
3. You need someone to help you with your luggage. Call a porter and ask him for help.

Activité 4

You are on a flight from Miami to Pointe-à-Pitre, Guadeloupe.

1. The plane is about to take off and the passenger seated next to you is about to light a cigarette. The flight attendant does not see him. Speak with the passenger.
2. You have decided you would like to watch the movie. You need a headset. Call a flight attendant and tell him what you want.
3. After the movie, you would like to take a nap. You would be more comfortable if you had a blanket and pillow. Call the flight attendant and tell him what you need.

COUP D'ŒIL SUR LA VIE

Activité 1

Look at the following airline ticket.

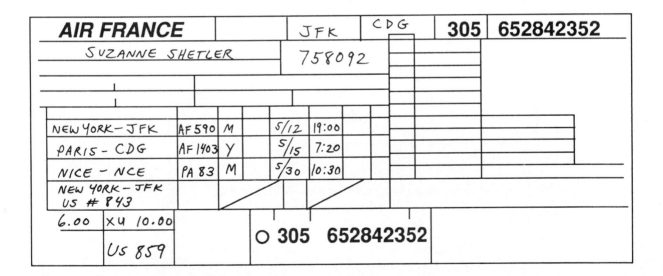

Give the following information based on the airline ticket.

1. le nom de la passagère — Suzane Shetler
2. le nombre de vols qu'elle va prendre — 305
3. le numéro de son premier vol — AF590
4. le lieu d'origine du premier vol — New York
5. la destination du premier vol — Paris
6. la classe dans laquelle elle va voyager: économique, d'affaires, première — M
7. l'heure du départ du deuxième vol — 10:30
8. le tarif total du billet —

Activité 2

Look at the following boarding pass.

```
CARTE D'ACCES A BORD/boarding pass

AIR FRANCE ////

NOM DU PASSAGER / name of passenger
PAYTI

DE / from
PAR

A / to
NYC

VOL / flight      CLASSE      DATE        DEPART / time

C0057     Y   19DEC   11H10
   EMBARQUEMENT / boarding          SIEGE / seat
   54    10H30    27L    X

PORTE / gate      HEURE / time
NB      POIDS / weight

                              129

UMMEL 8/160/01 PE
```

Complete the following statements based on the boarding pass.

1. Monsieur va à _Payti_.
2. Il prend le vol _C0057_.
3. Il part _Dec 19_ (date).
4. Il part à _11:10_ (heure).
5. Il part de la porte _54_.
6. Il a le siège _27L_.
7. Le siège est dans le rang _~~X~~_.

Activité 3

Look at the following airline safety card.

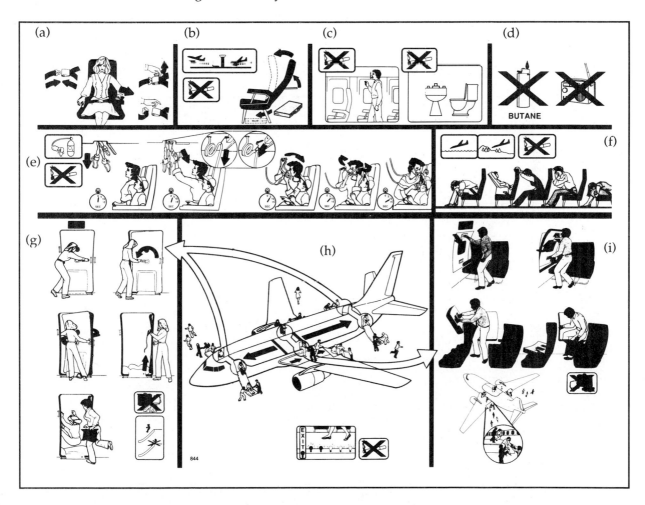

Identify the pictures that indicate the following information.

1. _____ On doit attacher sa ceinture de sécurité pendant le décollage et l'atterrissage.
2. _____ Il est interdit d'utiliser les transistors et les calculatrices électroniques pendant la durée du vol.
3. _____ Il est défendu de fumer dans les toilettes.
4. _____ Il y a des sorties (issues) de secours sur les ailes.

Activité 4

Look at the following landing card for entry into the United Kingdom.

LANDING CARD
Immigration Act 1971

Please complete clearly in BLOCK CAPITALS Por favor completar claramente en MAYUSCULAS
Veuillez remplir lisiblement en LETTRES MAJUSCULES Bitte deutlich in DRUCKSCHRIFT ausfüllen

Family name / Nom de famile / Apellidos / Familienname: WOODFORD Príncipe

Forenames / Prenoms / Nombre(s) de Pila / Vornamen: Protase Emmanuel

Sex / Sexe / Sexo (M,F) / Geschlecht: M

Date of birth / Date de naissance / Fecha de nacimiento / Geburtsdatum — Day Month Year: 1 0 0 9 3 4

Place of birth / Lieu de naissance / Lugar de nacimiento / Geburtsort: NY NY USA

Nationality / Nationalite / Nacionalidad / Staatsangehörigkeit: US

Occupation / Profession / Profesion / Beruf: linguist

Address in United Kingdom / Adresse en Royaume Uni / Direccion en el Reino Unido / Adresse im Vereinigten Königreich: N. A.

Signature / Firma / Unterschrift: VV 365 739

For official use / Reserve usage officiel / Para uso oficial / Nur für den Dienstgebrauch

CAT   -16   CODE   NAT   POL

Give the following expressions in French based on the landing card.

1. first names
2. family name
3. birth date
4. place of birth
5. occupation

Activité 5

Read the following information that is useful for passengers arriving in Paris by plane.

> Tous les aéroports de Paris (Le Bourget, Orly et Charles
> de Gaulle-Roissy) sont reliés à la capitale par des autoroutes.
> En plus des autobus font la navette entre les aéroports et
> l'aérogare (le terminal) des Invalides, située en plein cœur de Paris.

Answer the questions based on the preceding information.

1. Il y a combien d'aéroports à Paris?
2. Qu'est-ce qui relie les aéroports à la ville?
3. Qu'est-ce qui fait la navette entre les aéroports et le centre ville?
4. Comment s'appelle l'aérogare en plein cœur de Paris?

Chapitre 5

Le train

Vocabulaire

A la gare

le kiosque

la salle d'attente

Coca Cola

snak Bar

le buffet de la gare

la consigne

la consigne automatique

le guichet

le porteur

le bulletin (de bagages,
de consigne)

En retard ou à l'heure

Le train pour Lyon est en retard. ✗ delay
Il ne va pas partir à l'heure.
Il y aura un retard de 45 minutes. ✗ late

Exercice 1   Complete the following statements.

1. Si l'on veut manger quelque chose pendant qu'on attend le train, on peut aller au
   le buffet

2. Les passagers prennent leurs billets au _____.

3. Ils attendent le train dans _____.

4. Si l'on veut lire des journaux ou des magazines pendant le voyage, on peut les acheter
   (s'en procurer) au _____.

5. Si l'on veut laisser les bagages à la gare pendant qu'on visite la ville, on peut les mettre
   dans la _____ automatique.

6. Si l'on laisse des bagages à la consigne, l'employé vous donnera un _____ de
   consigne. Pour retirer vos bagages il faut remettre ce _____.

7. Si l'on veut de l'aide avec les bagages, on peut appeler le _____.

8. Le train ne va pas partir à l'heure. Il y a un _____ d'une heure.

Exercice 2   Tell where you are going in the train station.

1. Je veux prendre nos billets.
2. J'ai un peu faim.
3. Je veux m'asseoir.
4. Je vais laisser mes bagages à la gare.
5. Je veux acheter un magazine.

Communication

A la gare

CHARLES   Ah, zut! Notre train a une heure de retard.

YVETTE   Il est en retard? Qui t'a dit ça?

CHARLES   Personne. Regarde le tableau horaire.

YVETTE   Zut! Tu as raison. Lyon: retard—40 minutes.
          C'est à cause du mauvais temps. Les trains en France ne
          sont jamais en retard. Tu veux prendre quelque chose?

CHARLES   Oui. Allons au buffet!

Exercice 3   Answer the questions based on the preceding conversation.

1. Charles et Yvette sont où?
2. Ils vont où?
3. Ils y vont en avion?
4. Il y a un retard de combien de temps?
5. Où est-il remarqué le retard?
6. Charles et Yvette décident d'aller où?

Vocabulaire

Les trains du SNCF (Syndicat National des Chemins de Fer Français)

Read the following useful information:

le TGV (le train à grande vitesse) C'est un train luxueux et un des plus rapides du monde. C'est un train avec supplément—c'est-à-dire qu'il faut payer un supplément pour prendre ce train.

les rapides Ce sont les trains qui vont vite et qui ne s'arrêtent pas souvent.

les express Ce sont les trains qui vont moins vite que les rapides mais ils ne s'arrêtent que dans les grandes gares. *large station*

les omnibus Ce sont les trains qui s'arrêtent partout. *everywhere*

les lignes de banlieue Ce sont les trains qui desservent la banlieue, c'est-à-dire les environs d'une grande ville.

les grandes lignes Ce sont les trains qui desservent les grandes villes de France et celles des autres pays d'Europe.

RER

Exercice 4 Complete the following statements.

1. Je ne vais pas prendre _____ car on n'arrivera jamais. Il s'arrête partout.
2. Je ne vais pas prendre _____ car je suis un pauvre étudiant fauché et je ne veux pas payer le supplément.
3. _____ est un peu moins rapide que l'autre mais il ne s'arrête que dans les gares des grandes villes.
4. Je vais dans un petit village à la périphérie de la ville. Je ne sais pas d'où les trains partent. Je cherche le panneau qui indique _____.
5. Je vais de Paris à Rome. Je cherche le panneau qui indique _____.

Les réservations

Read the following:

Il est toujours prudent de louer (réserver) vos places à l'avance, surtout si vous pensez voyager en été ou pendant les jours fériés. On peut louer des places dans toutes les agences de voyages, au bureau de location de places de la gare du départ et par téléphone.

Exercice 5   Answer the following questions.

1. Si l'on va faire un voyage par le train en France, est-il prudent de louer une place à l'avance?
2. Pardon, mais je n'ai pas compris. Qu'est-ce que cela veut dire—«louer une place»?
3. Est-ce qu'on peut louer une place dans une agence de voyages en ville?
4. Mais dans une agence de voyages, y a-t-il une augmentation de prix? *(non)*
5. On peut louer une place à la gare du départ?
6. Il y a un bureau de location de places à la gare?
7. On peut téléphoner au bureau du Syndicat National des Chemins de Fer Français pour louer une place?

Dans le train

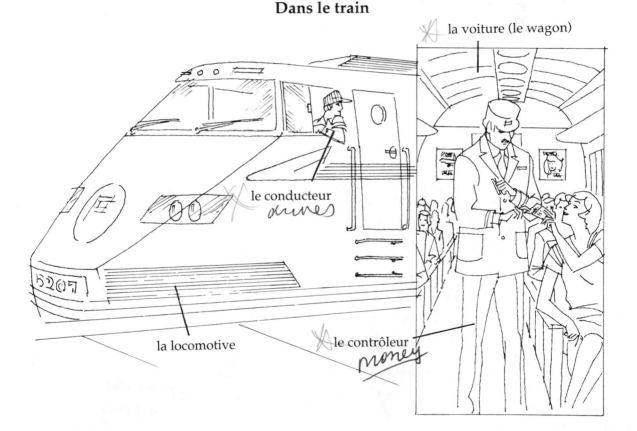

la voiture (le wagon)

le conducteur *drives*

la locomotive

le contrôleur *money*

Read the following:

Le contrôleur passe dans les wagons.
Il vérifie les billets.
Il *ramasse* les billets.

collects

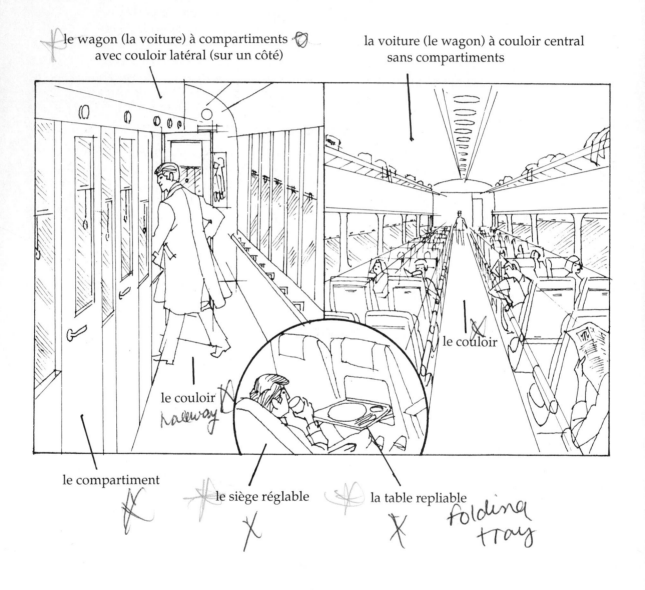

le wagon (la voiture) à compartiments
avec couloir latéral (sur un côté)

la voiture (le wagon) à couloir central
sans compartiments

le couloir

le couloir

railway

le compartiment

le siège réglable

la table repliable

folding tray

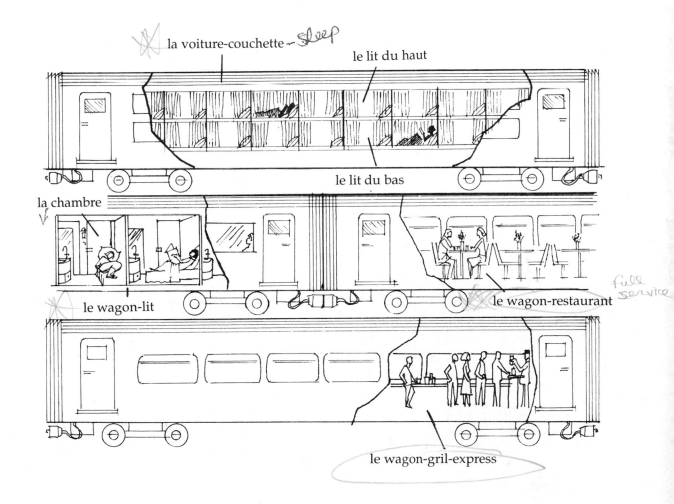

la voiture-couchette ~ sleep   le lit du haut

le lit du bas

la chambre

le wagon-lit   le wagon-restaurant   full service

le wagon-gril-express

Exercice 6   Answer the questions based on the illustration.

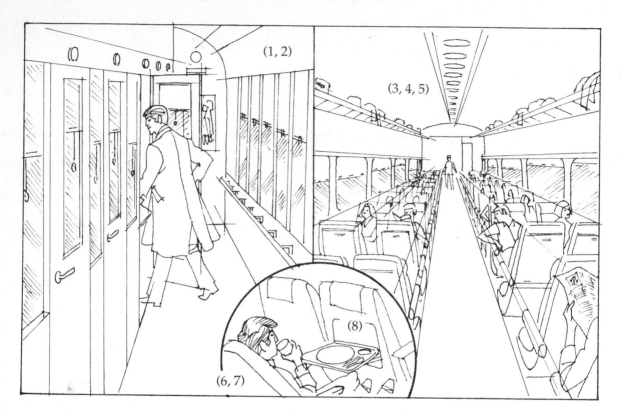

1. C'est une voiture à compartiments ou sans compartiments?
2. C'est une voiture à couloir central ou latéral?
3. C'est le contrôleur ou le conducteur?
4. C'est la locomotive ou une voiture?
5. Le contrôleur conduit le train ou vérifie les billets?
6. C'est le siège ou la table?
7. C'est un siège réglable ou repliable?
8. C'est une table réglable ou repliable?

Exercice 7   Complete the following statements.

1. C'est *conductor* qui conduit le train.
2. Et c'est le *controleur* qui passe dans les wagons pour vérifier les billets des passagers.
3. Il vérifie et *controle* les billets. *remas*
4. Une voiture à compartiments a un couloir *latéral*, et une voiture sans compartiments a *couloir* central.
5. Un autre mot qui veut dire «voiture» est *le wagon*

Quelle est la différence?

le wagon à compartiments / le wagon sans compartiments — *new trains don't have seats*

La plupart des vieux trains ont des wagons (voitures) à compartiments. Le couloir se trouve d'un côté du wagon (de la voiture). Les compartiments ont six places en première classe et huit places en deuxième classe (en seconde).

La plupart des nouveaux trains n'ont pas de compartiments. Le couloir est central (au centre de la voiture). Les sièges se trouvent à chaque côté du couloir. Les sièges sont réglables et ils ont presque toujours une table repliable. Les sièges des voitures de première classe donnent un peu plus d'espace aux passagers et ils sont un peu plus confortables.

Les places de toutes les voitures sont numérotées.

les voitures-couchettes / les wagons-lits — *chambres*

Les voitures-couchettes ont des couchettes—quatre dans un compartiment première classe et six dans un compartiment deuxième classe.

Les wagons-lits (voitures-lits) ont des chambres privées à deux ou à trois lits. Il y a presque toujours un lit du bas et un lit du haut. Les wagons-lits sont plus chers que les wagons-couchettes.

les wagons-restaurant / les wagons-gril-express — *self-service buffet*

Comme le mot indique, le wagon-restaurant a un restaurant et une cuisine où l'on prépare les repas qui sont servis par des serveurs. On offre aux passagers un menu à prix fixe.

Les wagons-gril-express offrent des repas et des boissons en libre-service. Sur le TGV (le train à grande vitesse) un repas est servi par un serveur comme à bord d'un avion.

Exercice 8 Answer the following questions.

1. La plupart des trains aux Etats-Unis ont des voitures à compartiments ou sans compartiments?
2. En France, ce sont les vieux ou les nouveaux trains qui ont des compartiments?
3. Qu'est-ce qui est plus confortable, une couchette dans un wagon-couchette ou un lit dans un wagon-lit?
4. Lequel coûte plus cher?
5. Lequel a des chambres privées, le wagon-couchette ou le wagon-lit?
6. Sur les trains français, lequel est plus élégant, le wagon-restaurant ou le wagon-gril-express?
7. Lequel est en libre-service?
8. Qui sert les repas au wagon-restaurant?
9. Est-ce qu'on offre un menu à prix fixe?

Communication

En voiture!

CONTROLEUR	En voiture! En voiture!
VOUS	Le train va partir—on doit monter.
COPAIN	D'ac. Allons-y!
	(A bord)
VOUS	*(En regardant dans un compartiment)* Voilà deux places qui ne sont pas occupées.
COPAIN	Pardon, Monsieur. Ces deux places sont libres?
VOYAGEUR	Non, je pense qu'elles sont louées.
VOUS	Louées?
COPAIN	Mais elles ne sont pas occupées.
VOYAGEUR	C'est vrai—pas encore. Mais elles sont louées par des passagers qui vont monter à Tours.
VOUS	Ah, excusez-moi. Je n'ai pas compris. Elles ne sont pas occupées à ce moment mais elles sont réservées.
VOYAGEUR	Voilà.
CONTROLEUR	Vos billets, s'il vous plaît.
VOUS	Oui, mais je ne sais pas si nous avons réservé nos places.
CONTROLEUR	Dans ce train, les réservations sont obligatoires. Oui, vous avez les sièges 14 et 15 dans la voiture 12.

Exercice 9 Complete the statements based on the preceding conversation.

1. Le contrôleur crie *en voiture*
2. Les passagers doivent _____.
3. Dans ce compartiment je vois _____.
4. Mais le voyageur qui est assis dans le compartiment me dit _____.
5. Moi, je ne comprend pas la différence entre _____ et _____.
6. _____ veut dire qu'il y a quelqu'un assis dans le siège.
7. Et _____ veut dire que la place est réservée par quelqu'un qui viendra plus tard.
8. Le contrôleur veut _____.
9. Il nous explique que dans ce train les réservations _____.
10. Nous avons les sièges _____.

SITUATIONS

Activité 1

You are in the train station in Lyon. You have several hours to wait for the departure of your train.

1. Go to the **consigne** and explain that you want to check your baggage.
2. The checker gives you a stub. You gave him two bags. You wonder if you need another check stub. Ask him.
3. You are hungry. Ask someone if there is a place to eat in the station.
4. You want to check on the status of your train. You want to find the board that shows long-distance train departures. Ask someone where it is.

Activité 2

You are in Paris and you telephone the SNCF to make a reservation to go to Nice.

1. Find out if the **TGV** goes to Nice.
2. You want to know if there is a supplement. Find out.
3. The price is too expensive. Tell the agent you want to take the **rapide.**
4. The agent wants to know your date of departure, how many seats you want, and what time you want to leave. Give her the information.
5. You do not know if it is necessary to have reserved seats on this train. Find out.

Chapitre 6

L'agence de location

Vocabulaire

A l'agence de location

Read the following:

    Vous êtes dans une agence de location où vous venez de louer une voiture économique à deux portes avec kilométrage illimité pour une semaine. L'assurance est comprise dans le tarif que l'agent vous a proposé mais l'essence est à votre charge. L'agent a examiné votre permis de conduire et il a pris votre carte de crédit. (Remarquez qu'il est presque impossible de louer une voiture sans une carte de crédit car l'agence exigera une caution (versement fait à l'avance). Vous avez signé le contrat et l'agent vous a donné le contrat et les clés de la voiture. En ce moment vous vous trouvez dans le parking de l'agence de location et vous le trouvez prudent de vérifier la condition de la voiture avant de prendre la route.

Exercice 1 Answer the questions based on the preceding information.

1. Où êtes-vous maintenant?
2. Qu'est-ce que vous venez de louer?
3. Décrivez un peu la voiture.
4. Vous l'avez louée pour combien de temps?
5. Qu'est-ce qui est compris dans le prix de la location?
6. Qu'est-ce qui n'est pas compris?
7. Qu'est-ce que vous avez donné à l'agent?
8. Pourquoi est-il presque impossible de louer une voiture sans avoir une carte de crédit?
9. Qu'est-ce que l'agent vous a donné?
10. Et vous êtes allé(e) où?
11. Avant de partir, qu'est-ce que vous voulez vérifier?
12. Vous trouvez ça prudent?

On vérifie la voiture

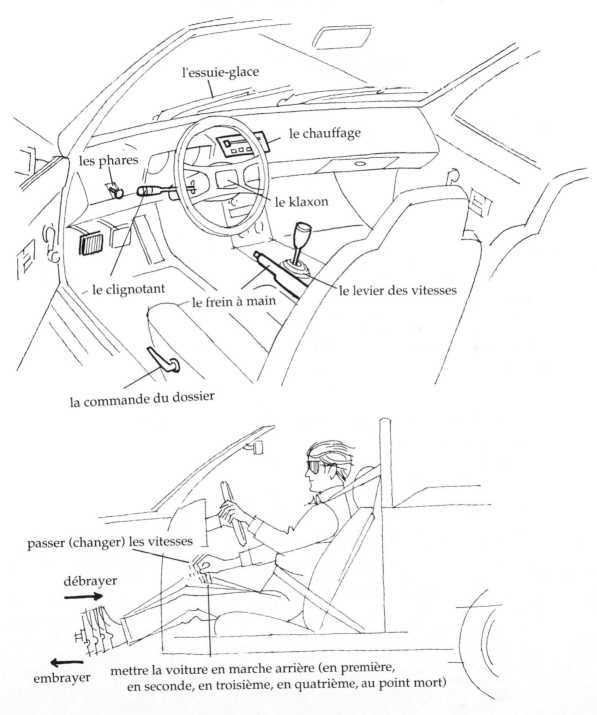

l'essuie-glace

le chauffage

les phares

le klaxon

le clignotant

le levier des vitesses

le frein à main

la commande du dossier

passer (changer) les vitesses

débrayer

embrayer

mettre la voiture en marche arrière (en première,
en seconde, en troisième, en quatrième, au point mort)

Exercice 2   Answer the questions based on the illustration.

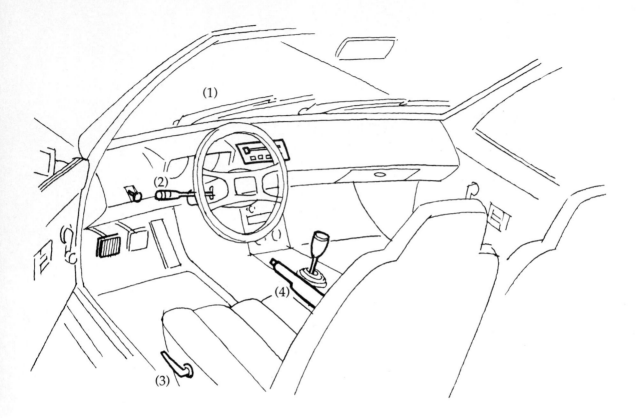

1. C'est le phare ou l'essuie-glace?
2. C'est le klaxon ou le clignotant?
3. C'est le chauffage ou la commande du dossier?
4. C'est le levier des vitesses ou le frein à main?
5. Avant de passer les vitesses, faut-il embrayer ou débrayer?
6. La voiture a deux ou quatre vitesses en avant?

Exercice 3   Ask the agent how to make the following work.

Comment est-ce qu'on fait fonctionner...?

1. la commande du dossier
2. les phares
3. le chauffage
4. l'essuie-glace
5. les vitesses

Exercice 4 Tell what you have to do or find.

1. You want to put on the directionals.
2. You want to put on the heat.
3. You have to blow the horn.
4. You have to let the car idle.
5. You want to adjust your seat.
6. You want to back up.
7. You want to dim the lights.
8. You want to clean the dirty windshield.

Communication

A l'agence de location

VOUS	Vous savez—c'est la première fois que je conduis une voiture avec changement de vitesse manuel.
AGENT	Pas de problème. Je vous indiquerai comment faire. Regardez—pour la mettre en marche arrière, vous appuyez sur le levier et vous faites comme ça. Tenez—ça—c'est le point mort—première, seconde, troisième, et quatrième. On *roule* en quatrième. Pour changer de vitesse, débrayez et puis embrayez doucement. Et vous savez que ça c'est le pédale de débrayage, n'est-ce pas?
VOUS	*(En riant)* Oui, ça je le sais—et l'autre c'est le pédale de frein.
AGENT	Voilà! Vous connaissez le *tableau de bord*?
VOUS	Je crois—c'est pareil au mien—beaucoup de *manettes*. Comment est-ce que je fais fonctionner les phares?
AGENT	Comme ça les feux de position—de croisement— et pour les feux de route—vous faites comme ça.
VOUS	Je vous remercie mille fois. Vous êtes très gentil.

cruise

dashboard
levers

Exercice 5 Correct the following false statements.

1. Ma voiture a le changement de vitesse manuel (classique).
2. On appuie sur la manette des phares pour mettre la voiture en arrière.
3. On appuie sur le levier pour la mettre au point mort.
4. En changeant (passant) les vitesses, on doit embrayer et débrayer brusquement.

Exercice 6 Make a list of the various light beams.

Vocabulaire

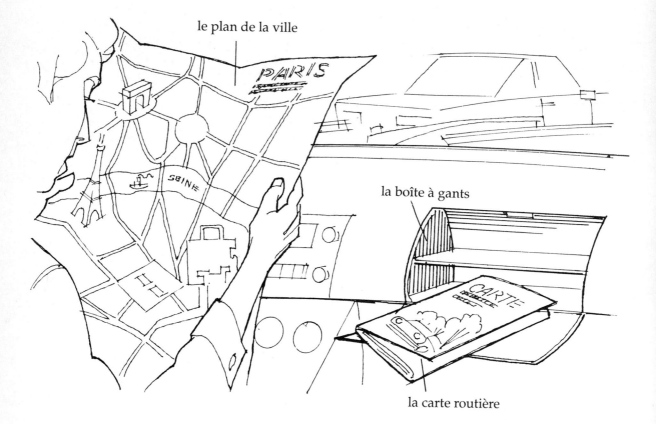

le plan de la ville

PARIS

SEINE

la boîte à gants

CARTE

la carte routière

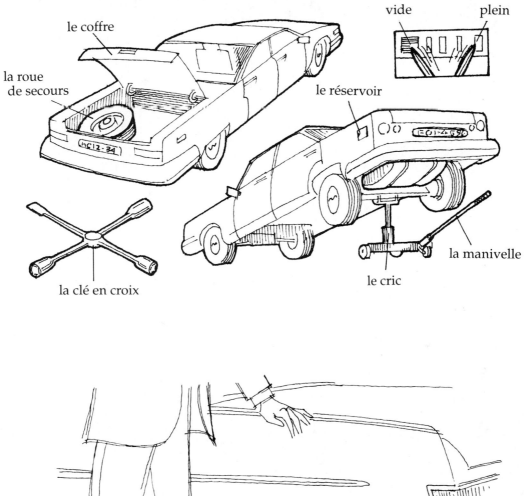

le coffre

la roue
de secours

vide   plein

le réservoir

la clé en croix

la manivelle

le cric

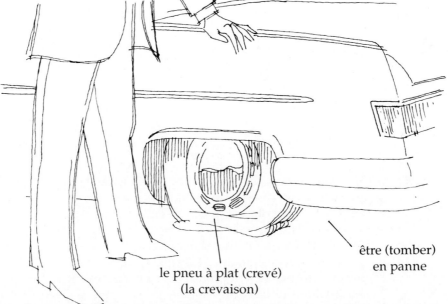

le pneu à plat (crevé)
(la crevaison)

être (tomber)
en panne

Exercice 7   Identify each item.

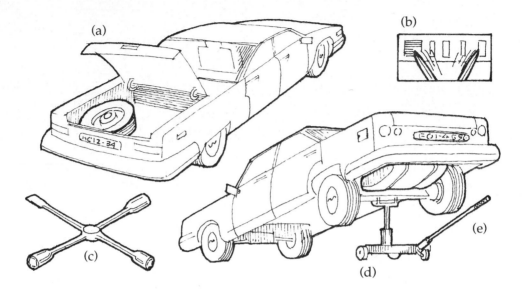

(a)

(b)

(c)

(d)

(e)

Communication

Dans une agence de location

CLIENT   Comme je ne suis pas d'ici, je suis complètement désorienté. Vous pouvez m'indiquer la meilleure route pour sortir de l'aéroport? Je veux prendre l'autoroute 31 vers le sud.

AGENT   Pas de problème. Je vous indiquerai ce que vous devez faire sur ce plan de la ville que vous pouvez garder. C'est très facile et vous pouvez éviter le centre-ville.

Exercice 8 Answer the questions as if you were the person in the preceding conversation.

1. Vous êtes désorienté(e)? Pourquoi?
2. Qu'est-ce que vous voulez trouver?
3. Qu'est-ce que vous voulez que l'agent vous indique?
4. Qu'est-ce qu'il vous donne?
5. Qu'est-ce que vous pouvez éviter?

Exercice 9 Complete the following paragraph.

Avant de partir, je vais ouvrir _____. Je veux vérifier si j'y trouve _____ et _____. Et _____. C'est très important si par hasard on a un pneu _____ sur la route.

Exercice 10 Complete the following mini-conversation.

Vous   Vous avez dit que l'essence est à la charge du client?
Agent   Oui.
Vous   Mais pour commencer, le _____ est plein?
Agent   Non, il n'est pas plein. Au contraire, il est presque _____.

SITUATIONS

Activité 1

You have just arrived on a flight at the small airport in Lorient, in Brittany. You want to rent a car, so you proceed immediately to the counter of the car rental agency.

1. Tell the agent what you want.
2. She asks what type of car you want. Tell her.
3. She wants to know for how long you want the car. Tell her.
4. You want to know the price for the rental. Ask her.
5. Find out if you have unlimited mileage. Ask her and remember to use the word for kilometer.
6. You want to know if the insurance is included. Ask the agent.
7. You want to know if the gas is included. Ask her.
8. The agent wants to know if you have a driver's license. Tell her.
9. She wants to know if you have a credit card. Tell her.
10. She wants to know where you will return the car. Tell her.

Activité 2

You are in the parking area of a car rental agency at the airport in Tunis, Tunisia. Since you do not understand Arabic and the agent does not understand English, you communicate in French, the second language of the country.

1. Ask the agent how the headlights work.
2. At home you have an automatic transmission. You want to familiarize yourself with the stick shift. Explain this to the agent and ask him if he can help you.
3. You are concerned if you should have a flat tire. You want to make sure there is a spare, a jack, etc., in the trunk. Ask the agent.
4. You want to know if there is a road map in the glove compartment. Ask the agent.
5. You are responsible for the gas. You want to know how much gas there is in the car now. Ask the agent.

COUP D'ŒIL SUR LA VIE

Activité 1

Read the following information about car rentals that appears in a well-known guidebook for French people traveling to the United States.

La location de voiture

Pour louer une voiture, il faut avoir 18, 21 ou même 25 ans minimum, selon les compagnies, un permis national de plus d'un an ou un permis international. La carte de crédit est indispensable: elle sert de caution et permet de régler la location. Les chèques de voyage sont acceptés, le paiement en liquide pas toujours. On peut choisir son véhicule à changement de vitesse automatique. Ne pas oublier que les gabarits sont supérieurs à ceux des voitures européennes. Mais les véhicules à changement de vitesse et gabarit «classique» existent. La location se fait à la journée, à la semaine ou au mois avec kilométrage illimité; elle comprend une assurance. Les voitures les moins chères sont les economy ou subcompact. Les plus grandes agences de location proposent des réductions week-end (vendredi-midi–lundi-midi). La réservation peut être faite à partir d'une agence en Europe. La voiture sera disponible à l'arrivée à l'aéroport ou à une adresse indiquée. En France également, il est préférable de communiquer le numéro d'une carte de crédit qui dispense du versement d'une caution.

You are in France and some friends are planning a trip to the United States. Based on the information you just read in the guidebook, explain the following to them.

1. l'âge qu'il faut avoir pour louer une voiture aux Etats-Unis
2. pourquoi il est vraiment nécessaire d'avoir une carte de crédit
3. le permis de conduire est obligatoire
4. comment on peut payer la location
5. ce que nous appelons une voiture economy ou subcompact
6. les réductions week-end

Chapitre 7

La station-service

Vocabulaire

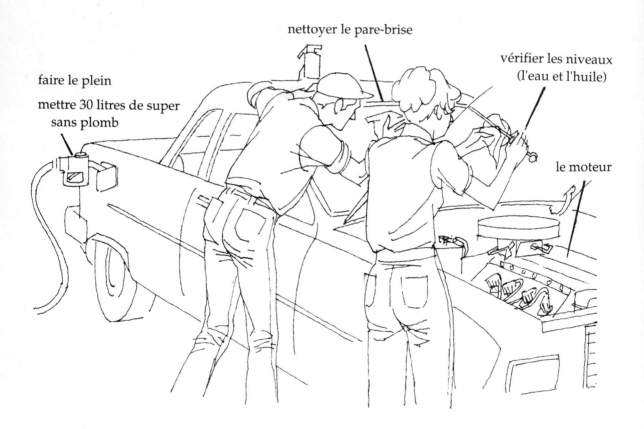

faire le plein
mettre 30 litres de super
sans plomb

nettoyer le pare-brise

vérifier les niveaux
(l'eau et l'huile)

le moteur

Read the following:

mettre de l'huile dans le moteur
mettre de l'eau dans le radiateur et dans la batterie

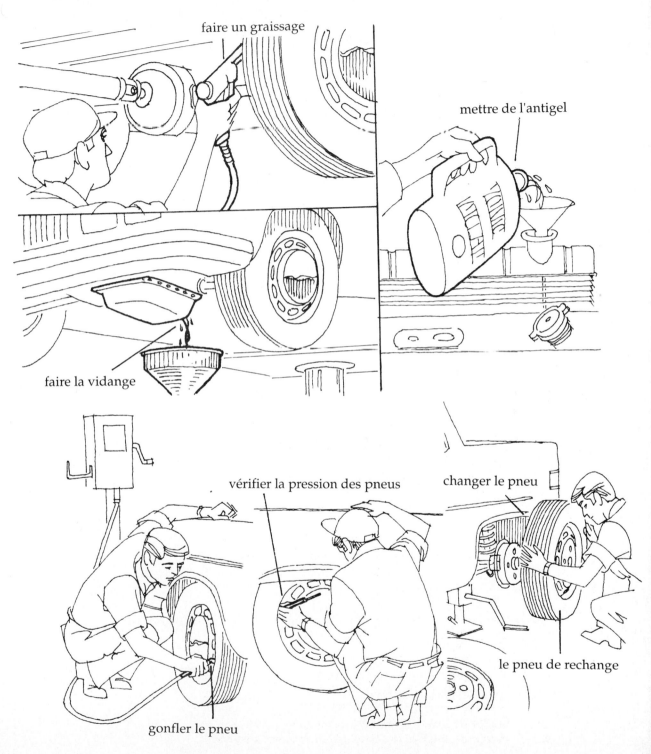

faire un graissage

mettre de l'antigel

faire la vidange

vérifier la pression des pneus

changer le pneu

le pneu de rechange

gonfler le pneu

Exercice 1   Answer the following questions.

1. Vous voulez combien de litres d'essence?
2. Super ou ordinaire?
3. Vous voulez de l'essence sans plomb ou avec plomb?
4. Le pompiste vous vérifie les niveaux?
5. Où met-il de l'eau?
6. Vous avez un pneu crevé *(flat tire)*?
7. Il faut changer un pneu?
8. Est-ce que la pression du pneu de rechange est un peu basse?
9. Faut-il gonfler le pneu?
10. Vous passez à la borne de gonflage?

Communication

A la station-service

VOUS	(Faites) le plein, s'il vous plaît.
POMPISTE	Super ou ordinaire?
VOUS	Ordinaire sans plomb, s'il vous plaît.
POMPISTE	D'accord.
VOUS	Veuillez nettoyer le pare-brise.
POMPISTE	Je vérifie les niveaux?
VOUS	S'il vous plaît.
POMPISTE	Le niveau de l'huile est un peu bas. J'en mets un litre?
VOUS	Non, ça va, merci. Je vais revenir la semaine prochaine. Le mécanicien va faire la vidange et un graissage complet.
POMPISTE	D'accord. Vous pouvez prendre rendez-vous avec lui maintenant, si vous voulez. Il est dans l'*atelier*. *garage*

Exercice 2   Complete the statements based on the preceding conversation.

1. Le pompiste fait _____.
2. Il fait le plein de _____.
3. Il est très gentil le pompiste. Il nettoie _____.
4. Il ouvre le capot et _____.
5. Le conducteur ne veut pas qu'il mette _____.
6. Il n'en veut pas car la semaine prochaine le mécanicien va _____.

SITUATIONS

Activité 1

You are in a gas station in France.
1. Tell the attendant to fill up your car with unleaded premium gas.
2. Ask him to please check the oil and water.
3. Ask him if he would be so kind as to check the air in the tires.
4. Ask him if he can change the oil and give you a complete grease job tomorrow.

Chapitre 8

La conduite

Vocabulaire

le cours de conduite

le permis de conduire

la plaque

le feu (rouge, orange, vert)

les piétons

le coin

le trottoir

le passage cloûté

traverser la rue dans les clous

la rue

Exercice 1   Answer the questions based on the illustration.

1. C'est la rue ou le trottoir?
2. Ce sont des conducteurs ou des piétons?
3. Les piétons circulent en voiture ou marchent à pied?
4. C'est un permis de conduire ou une plaque?
5. C'est une voiture privée ou une voiture d'une auto-école?
6. Les conducteurs circulent en voiture ou marchent à pied?

Exercice 2 Complete the following statements.

1. On doit s'arrêter. Le feu est _____.
2. On peut suivre avec prudence. Le feu est _____.
3. On peut continuer sans s'arrêter. Le feu est _____.

Exercice 3 Answer personally.

1. Vous avez votre permis de conduire?
2. Vous l'avez reçu à quel âge?
3. Vous avez pris un cours de conduite?
4. Vous l'avez pris à une auto-école?
5. Vous conduisez prudemment?
6. Vous savez la différence entre la bonne conduite et la mauvaise conduite?
7. Aux Etats-Unis, il existe des passages cloûtés pour les piétons?
8. Vous traversez la rue dans les clous?

Le stationnement

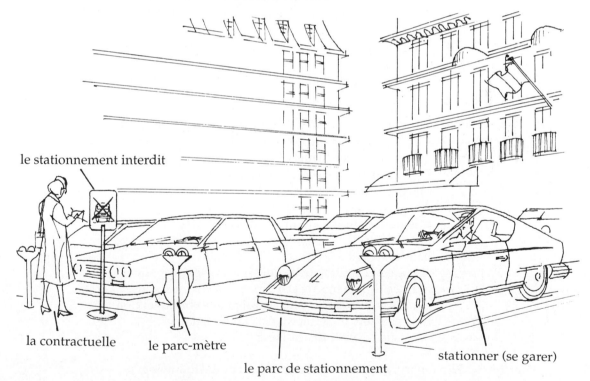

le stationnement interdit

la contractuelle

le parc-mètre

le parc de stationnement

stationner (se garer)

Read the following:

Faites très attention! Si vous vous garez dans une zone de stationnement interdit, la contractuelle vous dressera sans doute une contravention et il vous faudra payer une amende. Il vaut mieux stationner (vous garer) dans la zone bleue où le stationnement est réglementé. Dans la zone bleue il faut utiliser un disque que vous pouvez vous procurer dans les bureaux de tabac ou les stations-service. Ce disque de stationnement indique l'heure de votre arrivée et l'heure que vous devez partir. Il faut mettre (placer) ce disque sur le pare-brise.

En France, comme aux Etats-Unis, il y a des parkings (parcs de stationnement). Si c'est un parc public, il y a des parc-mètres. N'oubliez jamais de mettre une pièce dans le parc-mètre.

Exercice 4   True or false?

1. On peut stationner sans aucun problème dans une zone de stationnement interdit.
2. C'est la contractuelle qui est chargée d'appliquer les règlements de stationnement.
3. Si vous recevez une contravention, il faut payer une amende.
4. Et si vous vous garez dans une zone bleue, la contractuelle vous dressera une contravention.
5. Les parcs de stationnement publics n'existent pas en France.

Communication

Vous	Pardon, Madame. Je peux me garer ici?
Pietonne	Oui, c'est la zone bleue.
Vous	Excusez-moi mais je ne suis pas d'ici et je ne sais pas ce que c'est la zone bleue.
Pietonne	Ah, vous devez vous procurer un ticket et le mettre sur le pare-brise où la contractuelle peut le voir.
Vous	La contractuelle?
Pietonne	Oui, c'est la contractuelle qui est chargée d'appliquer tous les règlements de stationnement. Si vous vous garez sans ticket elle vous dressera une contravention.
Vous	Et je peux me procurer un ticket où, Madame?
Pietonne	Là. Vous voyez le distributeur?

Exercice 5   Explain in your own words what each of the following is.

1. la zone bleue
2. la contractuelle
3. la contravention

Vocabulaire

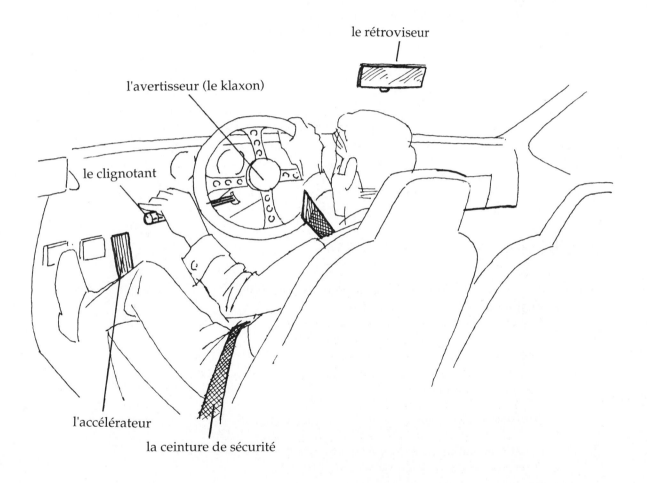

le rétroviseur

l'avertisseur (le klaxon)

le clignotant

l'accélérateur

la ceinture de sécurité

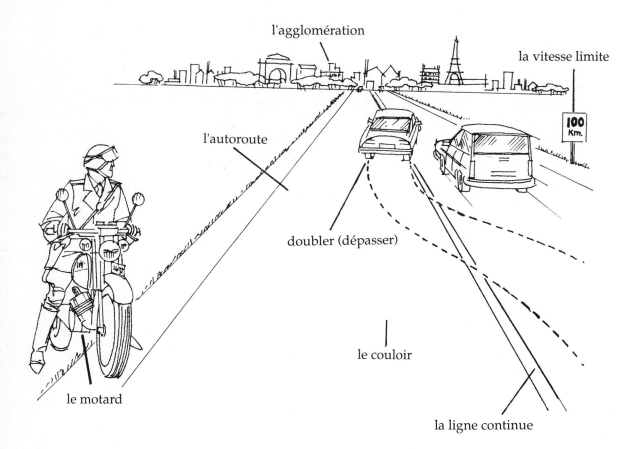

l'agglomération

la vitesse limite

l'autoroute

100 Km.

doubler (dépasser)

le couloir

le motard

la ligne continue

Read the following:

changer de couloir   aller d'un couloir à l'autre
rouler vite (le pied au plancher)   aller très vite
ralentir   diminuer la vitesse
rouler en code   rouler avec les *feux de croisement*   *low beams*

Exercice 6   Answer the questions based on the illustration.

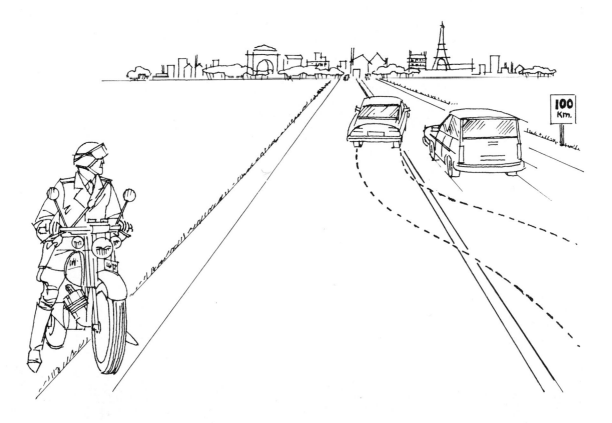

1. C'est une petite rue de village ou une grande autoroute?
2. C'est une autoroute à deux ou à quatre couloirs (voies)?
3. C'est le contractuel ou le motard?
4. C'est la ligne ou l'îlot?
5. C'est une ligne continue ou non continue?
6. Quelle est la vitesse limite sur cette route?
7. Est-ce que le véhicule change de couloir ou double l'autre véhicule?
8. Est-ce que les voitures arrivent à une agglomération?

La bonne conduite ou la conduite prudente

On doit mettre toujours sa ceinture de sécurité.
On ne doit pas rouler trop vite.
On doit toujours respecter la vitesse limite.
On doit ralentir en arrivant à une agglomération.
On ne doit pas rouler toujours le pied au plancher.
Si l'on veut changer de couloir ou doubler sur l'autoroute:
    on doit regarder d'abord dans le rétroviseur.
    on doit mettre son clignotant.
    on doit signaler avec les phares ou l'avertisseur (le klaxon).
    on doit revenir ensuite dans le couloir de droite.

Exercice 7   Answer personally.

1. Vous avez une voiture?
2. Vous aimez conduire?
3. Vous savez la différence entre la bonne conduite et la mauvaise conduite?
4. Vous aimez rouler vite?
5. Vous obéissez toujours aux vitesses limites?
6. La vitesse est limitée dans votre état (l'état où vous habitez)?
7. Quelle est la vitesse limite?
8. Il y a des motards sur les autoroutes?
9. Les motards sont chargés d'appliquer les règlements de circulation?
10. Si vous roulez trop vite, qu'est-ce que le motard vous donnera?
11. Quand vous arrivez à une agglomération, vous ralentissez?
12. Avant de doubler (dépasser un autre véhicule), vous mettez votre clignotant?
13. Vous regardez dans votre rétroviseur avant de changer de couloir?
14. Vous signalez votre intention au conducteur que vous dépassez?
15. Vous revenez tout de suite dans le couloir de droite?
16. Si vous êtes sur une route à double sens, vous doublez si la ligne est continue?

SITUATIONS

Activité 1

You are driving through Avignon and you want to stop for a while to visit the Château des Papes. You cannot find a parking place.
1. Stop someone and ask where there is a parking lot.
2. You arrive at the parking lot and you note that there are no meters. Ask if you have to pay to park there.
3. The person tells you that you do have to pay. Ask where you pay.
4. The person explains that you have to put a ticket on the windshield. Ask where you get **(vous procurer)** the ticket.
5. The person directs you to the ticket machine. Thank her.

COUP D'ŒIL SUR LA VIE

Activité 1

Look at the following **distributeur de tickets de stationnement.**

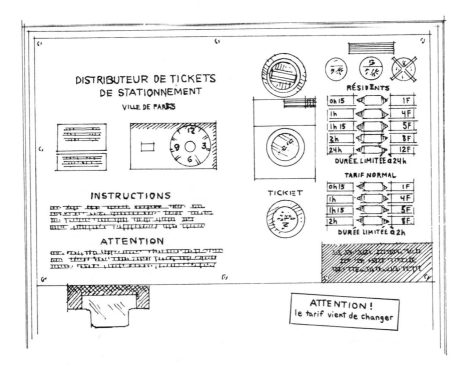

Explain to someone how much it costs to park here. Explain also the maximum time you are allowed to park, depending on whether you are a resident or a nonresident.

Activité 2

Read the following.

Dans beaucoup de villes en France, le stationnement dans toutes les rues est unilatéral. Cela veut dire qu'on ne peut stationner que d'un seul côté de la rue à la fois. Du 1er au 15 de chaque mois on peut se garer devant les numéros impairs et du 16 à la fin du mois on peut se garer devant les numéros pairs.

Give the French equivalents for the following expressions based on the information you just read.

1. even numbers
2. odd numbers
3. one-side-of-the-street parking

Chapitre 9

Les directions en voiture

Vocabulaire

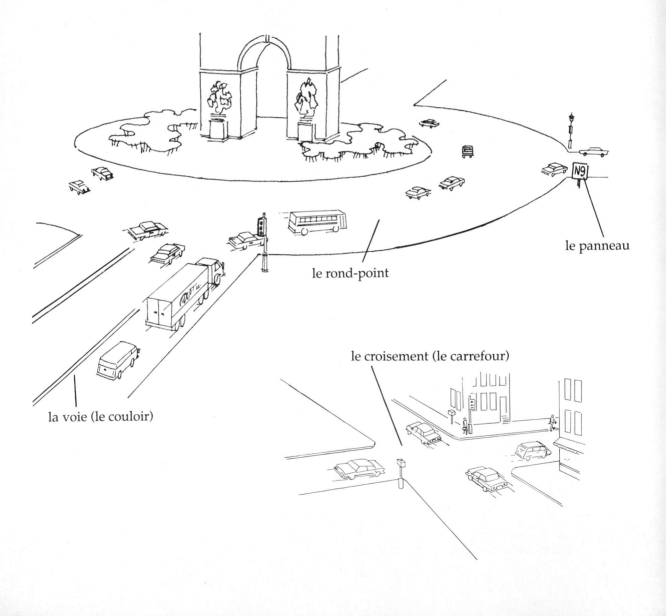

le panneau

le rond-point

le croisement (le carrefour)

la voie (le couloir)

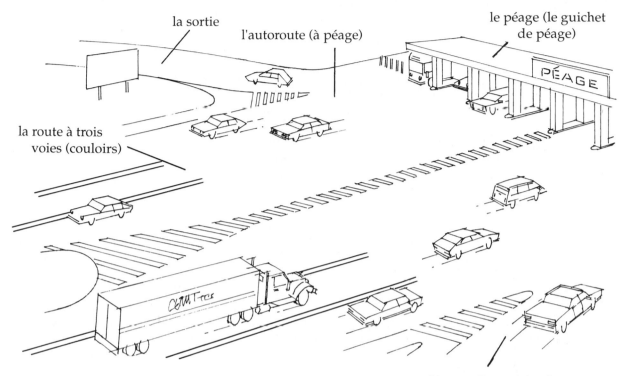

la sortie
l'autoroute (à péage)
le péage (le guichet de péage)
la route à trois voies (couloirs)
la voie d'approche (l'entrée)

Exercice 1   Answer personally.

1. Quel est le numéro de la route principale près de chez vous?
2. C'est une route à combien de voies?
3. Quelle est la ville au nord (ou à l'est) de la vôtre?
4. Et au sens contraire vous allez à quelle ville?
5. C'est une route à péage?
6. C'est combien le péage?
7. Faut-il acheter des jetons *(tokens)*?
8. Faut-il faire l'appoint *(have exact change)*?
9. Est-ce qu'il y a des guichets de péage où l'on fait de la monnaie?
10. Il existe des voies réservées aux conducteurs qui peuvent faire l'appoint?

Communication

De Carnac à Saint-Julien-le-Pauvre

Carnac est à deux cents kilomètres de Saint-Julien-le-Pauvre. Pour arriver
à Saint-Julien-le-Pauvre de Carnac, prenez l'avenue de Rennes pour sortir
de la ville. En arrivant à la *périphérie* suivez les panneaux qui indiquent   *outskirts*
la route nationale 22. Suivez la 22 pendant à peu près trois kilomètres.
Après trois kilomètres vous arriverez à l'autoroute. Prenez l'autoroute.
Et je vous suggère de respecter la vitesse limite sur les voies d'approche.
Sur l'autoroute, il vous faudra payer deux péages. Après le deuxième
péage, prenez le couloir de droite. Prenez la première sortie. Vous verrez
tout de suite un panneau qui indique la direction pour Saint-Julien-le-
Pauvre. Vous tournez à droite. Vous continuez tout droit. Vous serez sur
la nationale 33. La 33 vous conduira au centre même du village. La rue
principale de Saint-Julien-le-Pauvre et la 33 se croisent. Là au croisement
il y a un feu.

Exercice 2   Write down the salient points for the directions from Carnac to Saint-Julien-le-
Pauvre based on the preceding information.

SITUATIONS

Activité 1

You are in France and you are driving a rental car. You want to go from Paris to Avignon.
You need some directions.
1. You want to know the best way to get out of the city. Ask someone.
2. You want to know if there is an expressway to Avignon. Ask someone.
3. You want to know if you have to pay a toll. Ask someone.
4. Ask if it is necessary to have the exact change or whether they will make change on the
expressway.
5. You want to know how many kilometers it is from Paris to Avignon. Ask someone.

Chapitre 10

Les directions à pied

Vocabulaire

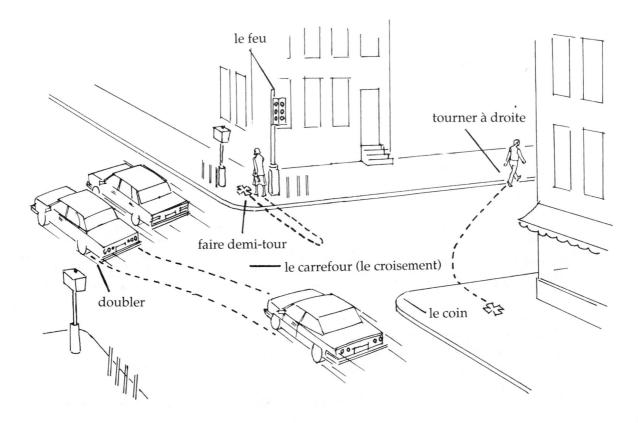

le feu

tourner à droite

faire demi-tour

le carrefour (le croisement)

doubler

le coin

Read the following:

Vous allez dans le *mauvais sens* (opposé, contraire).   *wrong way*
Faites demi-tour.

Exercice 1 Complete the following statements.

1. La banque? Elle est au sens contraire. Il faut _____.
2. Pour contrôler la circulation, il y a un _____ à la plupart des carrefours principaux de la ville.
3. Quand le _____ est rouge, il faut s'arrêter.
4. La banque est au _____ de la rue de Grenelle et de l'avenue Bosquet.
5. Il n'est pas nécessaire de prendre l'autobus. La banque n'est pas tellement loin. On peut y aller _____.
6. Pour arriver à l'avenue de la Grande Armée, il faut _____ à gauche à l'avenue Foch.

Exercice 2 Tell what is happening in each part of the illustration.

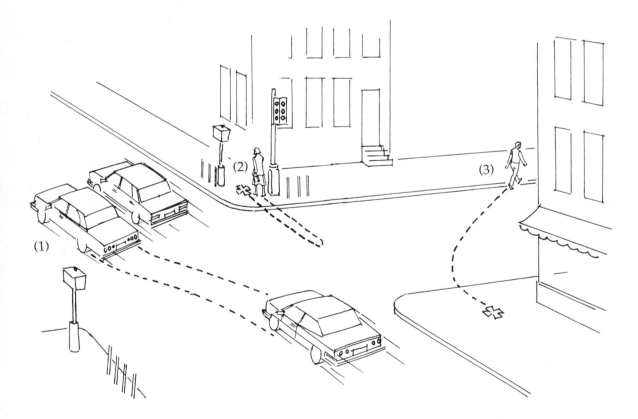

1. La voiture _____.
2. Madame Chirac _____.
3. Monsieur Lafayette _____.

Communication

Où est le bureau?

VOUS Pardon, Monsieur. Mais où est le bureau d'Air Inter, s'il vous plaît?

MONSIEUR Le bureau d'Air Inter est rue de Seine. Vous connaissez la rue de Seine?

VOUS Non, Monsieur. Je ne suis pas du quartier.

MONSIEUR C'est bien simple. Vous allez tout droit—je crois que c'est la troisième rue—mais bon—pas d'importance—vous allez jusqu'au premier feu.

VOUS Et au premier feu?

MONSIEUR Vous tournez à gauche.

VOUS A gauche au premier feu.

MONSIEUR Oui. C'est la rue des Ecoles. Vous prenez la rue des Ecoles—et à la deuxième rue à droite, vous verrez le bureau d'Air Inter. C'est au coin de la rue des Ecoles et de la rue de Seine.

VOUS Merci beaucoup, Monsieur. Vous êtes très aimable.

MONSIEUR Je vous en prie.

Exercice 3 Answer the questions based on the preceding conversation.

1. Qu'est-ce que vous cherchez?
2. Vous connaissez la ville?
3. Pourquoi pas?
4. Vous savez où se trouve la rue de Seine?
5. Vous allez tout droit jusqu'à quelle rue?
6. Qu'est-ce qu'il y a là?
7. Pour aller à la rue des Ecoles, vous tournez à droite ou à gauche?
8. Et ensuite, qu'est-ce que vous faites à la deuxième rue?
9. Et le bureau d'Air Inter se trouve où?

SITUATIONS

Activité 1

You are traveling through France with a companion who does not speak French. Whenever you have to get directions, your companion wants to know the directions also. Interpret the following directions for her.

1. Allez tout droit jusqu'au troisième carrefour et alors tournez à gauche.
2. Faites demi-tour et allez tout droit. Continuez au deuxième feu.
3. Au deuxième feu, tournez à droite, et allez tout droit jusqu'à la quatrième rue.
4. A votre gauche en face du bureau de poste, vous verrez le bureau que vous cherchez.

Chapitre 11
L'hôtel

Vocabulaire

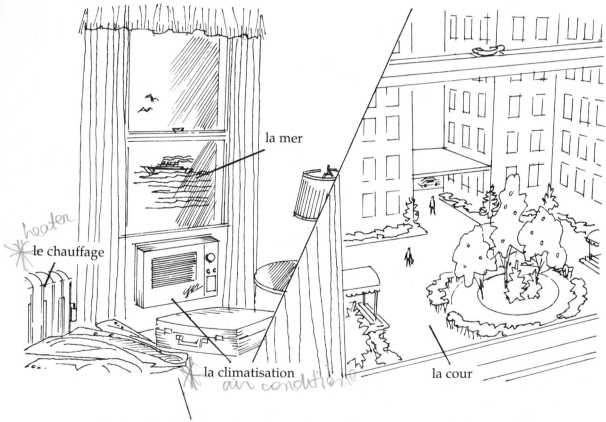

le chauffage *heater*

la mer

la climatisation *air conditionné*

La chambre donne sur la mer.

la cour

Madame veut retenir (réserver) une chambre.
Elle téléphone à l'hotel.
La standardiste répond au téléphone.

Read the following:

le prix forfaitaire   un prix qui comprend la chambre, le petit déjeuner, les taxes et le service
l'acompte (les arrhes)   l'argent que l'on envoit à l'hôtel à l'avance pour retenir une chambre
la pension complète   les trois repas sont compris
la demi-pension   deux repas sont compris, le petit déjeuner et le déjeuner ou le dîner
le syndicat d'initiative   un bureau de tourisme qui se trouve souvent à la gare où l'on peut réserver une chambre en arrivant dans une ville

Exercice 1   Answer the following questions.

1. Si l'on appelle un hôtel, qui répond au téléphone?
2. Quand vous voyagez, vous téléphonez à l'hôtel à l'avance pour retenir une chambre? Si non, est-ce que votre agent de voyages vous fait une réservation?
3. Si vous arrivez dans une ville sans avoir retenu (réservé) une chambre, pouvez-vous vous adresser au syndicat d'initiative?
4. Est-ce que l'employé du syndicat d'initiative peut vous aider à trouver une chambre dans un hôtel ou dans une pension de la ville?
5. Si vous allez passer une semaine au bord de la mer, préférez-vous une chambre qui donne sur la rue ou sur la mer?

6. Si vous retenez une chambre à l'avance, faut-il envoyer un acompte à l'hôtel?
7. Si vous allez passer les vacances dans une île française de la mer des Caraïbes, qu'est-ce qui vous intéresse? La climatisation ou le chauffage?
8. Et si vous pensez passer les vacances dans une station de sports d'hiver dans les Alpes, qu'est-ce qui vous intéresse?
9. Vous préférez une chambre avec pension complète ou demi-pension?
10. Vous préférez prendre vos repas à l'hôtel ou vous préférez aller dîner au restaurant?

Exercice 2 Explain.

Expliquez ce que c'est un prix forfaitaire.

Communication

Les réservations

STANDARDISTE	Bonjour. L'Hôtel du Lac.
CLIENT	Réservations, s'il vous plaît.
STANDARDISTE	Un moment, s'il vous plaît. Ne quittez pas.
EMPLOYE	Réservations.
CLIENT	Je voudrais retenir une chambre à deux lits pour le sept juillet, s'il vous plaît.
EMPLOYE	Et vous pensez (comptez) rester jusqu'à quelle date?
CLIENT	Huit jours. Jusqu'au quinze. Vous avez une chambre qui donne sur le lac?
EMPLOYE	Non, je suis désolé. Pour ces dates l'hôtel est presque complet. Mais j'ai une très jolie chambre qui donne sur le jardin et qui a une très belle vue sur les montagnes.
CLIENT	Très bien. Et quel est le prix, s'il vous plaît?
EMPLOYE	Vous voulez une chambre avec pension complète ou demi-pension?
CLIENT	Demi-pension.
EMPLOYE	Pour deux personnes, c'est six cent cinquante francs par jour, service et taxe compris. Et il faut nous envoyer des arrhes de 20 pour cent. Ça fait alors neuf cent dix francs.
CLIENT	D'accord. Je vous enverrai un chèque tout de suite.
EMPLOYE	Et je vous enverrai votre confirmation.

Exercice 3 Complete the statements based on the preceding conversation.
1. Le client téléphone à _l'Hôtel du Lac_
2. Il veut _____.

3. Il veut une chambre ___*à deux lits*___
4. Il va arriver ___*le*___ *sept Juillet*
5. Et il va partir ___ *le quinze Juillet.*
6. Il préfère une chambre ___*jolie*___.
7. Malheureusement l'hôtel est _____.
8. Il peut avoir une chambre _____
9. Il veut la chambre avec ___ *les montagnes*
10. Le prix est _____.
11. Il doit envoyer _____.
12. Et l'employé lui enverra _____.

Vocabulaire

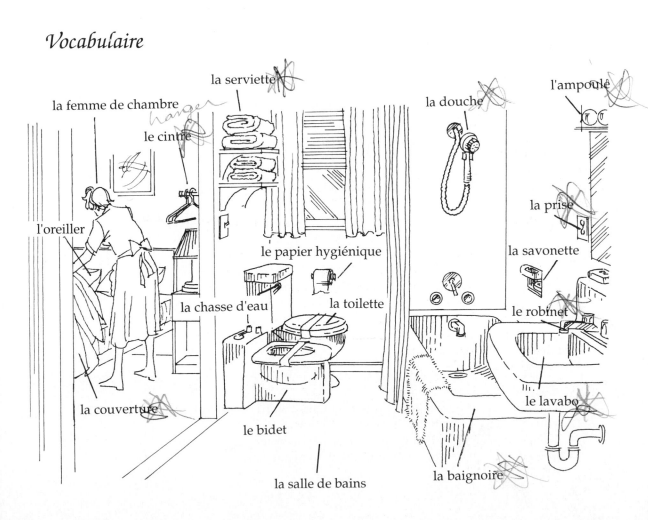

la serviette
la femme de chambre
le cintre
l'oreiller
le papier hygiénique
la chasse d'eau
la toilette
la couverture
le bidet
la salle de bains
la douche
l'ampoule
la prise
la savonette
le robinet
le lavabo
la baignoire

Read the following:

Il nous manque des cintres.
Il n'y a pas de papier hygiénique.
Le lavabo est *bouché*.   *stopped up*
La chasse d'eau ne fonctionne pas.
L'ampoule est *grillée*.   *burned out*

le service dans les chambres   *room service*
le service de blanchisserie   *laundry service*
le service de nettoyage   *dry-cleaning service*

Exercice 4 This hotel is in need of some repairs. Explain the following problems you are having.

1. The light bulb in the bathroom is burned out.
2. The sink is stopped up.
3. The toilet doesn't flush.
4. The electrical outlet doesn't work.

Le lavabo est bouché.

Le l'ampule est grillée.

La toillette n'chasse pas.

La prise

Exercice 5 Tell the chambermaid you need the following.

1. a pillow
2. two towels
3. a bar of soap
4. more hangers
5. a blanket
6. toilet paper

Exercice 6 Tell whom you have to call.

1. Vous êtes dans un hôtel de grand standing et vous voulez qu'on vous serve le petit déjeuner dans votre chambre.
2. Vous avez froid quand vous dormez et vous voudriez avoir une autre couverture.
3. Vous voulez faire nettoyer à sec votre complet.
4. Vous voulez faire laver une chemise et un chemisier.
5. Vous voulez qu'on vous téléphone demain matin à six heures et demie pour vous réveiller.

la caisse

la carte de crédit

les frais

la note

le caissier

Read the following:

l'heure du départ   l'heure que les clients sont obligés de quitter (libérer) la chambre

Exercice 7   Complete the following statements.

1. On paie à la _caisse_.
2. Le client qui va partir demande sa _note_.
3. Sur la note il y a beaucoup de _frais_.
4. Le client donne sa carte de crédit au _____.
5. Il demande au caissier à quelle heure il faut _____.

Communication

A la caisse

CLIENT   Je voudrais payer, s'il vous plaît.
CAISSIER   Vous avez déjà libéré votre chambre?
CLIENT   Oui. Voilà la clé.
CAISSIER   La chambre 425. Voilà votre note. Vous voulez
           la vérifier?
CLIENT   D'accord. Il me semble que ces frais ne sont pas
           les miens.
CAISSIER   Vous n'avez pas pris de consommations du mini-bar?
CLIENT   Ah, oui. J'ai pris quelques bouteilles d'eau minérale.
CAISSIER   Voilà! Vous en avez pris six à sept francs la bouteille.
CLIENT   Ah, excusez-moi.
CAISSIER   Vous voulez payer avec votre carte de crédit?
CLIENT   Oui.

Exercice 8   Answer the questions based on the preceding conversation.
   1. Où est le client?   *un hotel*
   2. Il parle à qui?   *caissier*
   3. Il a déjà quitté sa chambre?   *Oui*
   4. Qu'est-ce qu'il donne (rend) au caissier?   *carte de crédit*
   5. Quel était le numéro de sa chambre?   *425*
   6. Le client veut vérifier sa note?   *Oui*
   7. Qu'est-ce qu'il ne comprend pas?
   8. Qu'est-ce qu'il avait pris du mini-bar?
   9. Les frais étaient à lui?
   10. Comment va-t-il payer la note?

SITUATIONS

Activité 1

You call to reserve a hotel room in the swanky village of Saint-Tropez on the Riviera.
   1. Explain to the clerk that you want a double room with twin beds.
   2. Ask if the room is air-conditioned.
   3. Tell the reservation clerk that you would like a room overlooking the sea.
   4. The clerk wants to know your precise dates. Tell her.

5. She wants to know if you want full board or half-board. Explain to her that you only want breakfast.
6. The clerk explains that in season you must take either half- or full board. Tell her which one you prefer.
7. You want to know the rate. Ask her.
8. She gives you the rate and you want to know if the service and tax are included. Ask her.
9. Ask her if you must send a deposit and, if so, how much.
10. Ask the clerk if you will receive a confirmation of the reservation.

Activité 2

You are checking out of a hotel after spending several days in Quimper, a lovely small city in Brittany.
1. Ask the cashier for your bill.
2. The cashier wants to know your room number. Tell him.
3. He wants to know if you had any charges this morning. Tell him.
4. You are looking at your bill and there are two charges that you do not understand. You do not think they are yours. Explain this to the cashier.
5. He wants to know if you made a telephone call. Tell him.
6. He wants to know if you took anything from the mini-bar in the room. Tell him.
7. He wants to know if you had any laundry done. Tell him.

Chapitre 12

Les courses

Vocabulaire

Les quantités

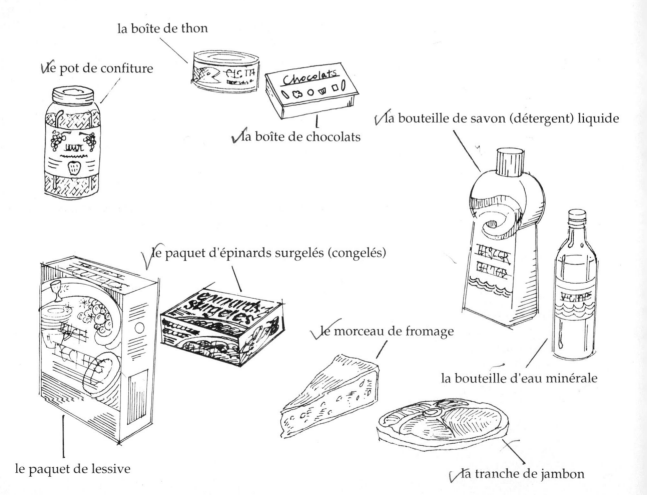

le pot de confiture

la boîte de thon

la boîte de chocolats

la bouteille de savon (détergent) liquide

le paquet d'épinards surgelés (congelés)

le morceau de fromage

la bouteille d'eau minérale

le paquet de lessive

la tranche de jambon

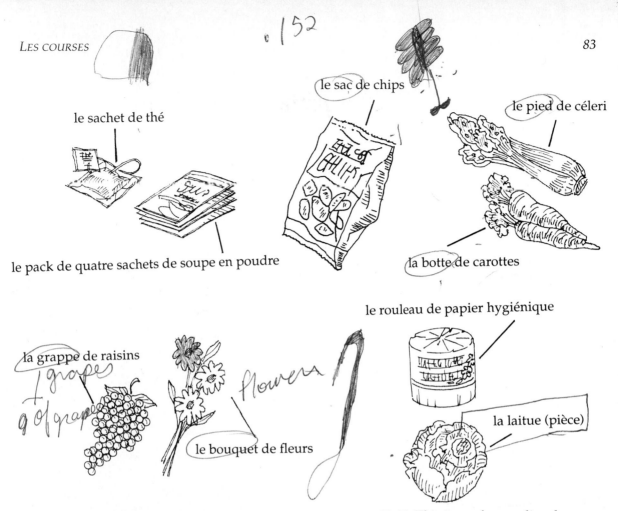

le sac de chips

le pied de céleri

le sachet de thé

le pack de quatre sachets de soupe en poudre

la botte de carottes

le rouleau de papier hygiénique

la grappe de raisins

le bouquet de fleurs

la laitue (pièce)

NOTE   A complete list of food items appears on pages 88-91. This is a reference list; do not try to memorize it. This list also appears in the other books in this series.

Exercice 1   How do the following items usually come packaged?

1. le détergent liquide
2. le savon en poudre
3. le papier hygiénique
4. les sardines
5. les carottes fraîches
6. les carottes surgelées
7. la confiture
8. la mayonnaise
9. le vin
10. les serviettes en papier
11. les chips
12. le thon

pouleut

Le pain

En français il y a tout un vocabulaire concernant le pain. Voilà des dessins des pains que vous aimeriez acheter sans doute si vous étiez en France.

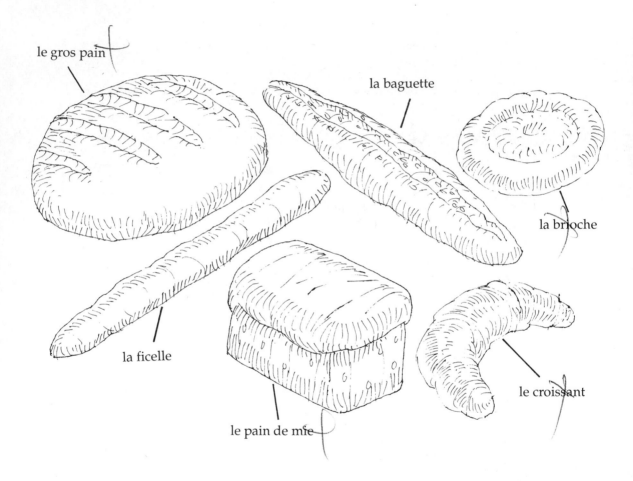

le gros pain

la baguette

la brioche

la ficelle

le pain de mie

le croissant

NOTE   C'est le pain de mie qu'on découpe en tranches pour faire des sandwichs américains.

Read the following:

Les côtelettes *ont l'air* très bon.   *look, appear*
Ces légumes ont l'air *frais.*   *fresh*
Le filet est *dur.*   *tough*
Il n'est pas du tout tendre.
Les olives sont *mûres.*   *ripe*
Ces poires sont *dures.*   *hard*
Mais les pêches sont *molles.*   *soft, mushy*
Elles ne sont pas fraîches.

NOTE   Study the masculine and feminine forms of the following adjectives:
frais, fraîche; mou, molle

Les prix

C'est combien le riz?
C'est combien le paquet?
C'est combien les fraises aujourd'hui?
C'est combien la douzaine d'œufs?
Trois tranches de jambon, cent grammes de saucisson
        et 150 grammes de rillettes, ça fait 38 francs.

Exercice 2   Give the opposite of each of the following words.

1. tendre
2. mûr
3. mou

Exercice 3   Complete the following statements.

1. Les poires ne sont pas mûres. Elles sont encore trop _____.
2. Ces pêches sont trop mûres. Tiens! Elles sont _____.
3. Ce bifteck est bien _____. Il n'est pas du tout dur.
4. Tu préfères les légumes _____ ou congelés?
5. Tu préfères les fruits _____ ou en conserve?

Exercice 4   Ask how much the following items cost.

1. les œufs
2. les côtelettes de veau
3. le kilo de bacon
4. la boîte de sardines
5. la boîte d'huile d'olives
6. le pack de quatre sachets de soupe
7. le jambon de Paris
8. la botte de carottes

Communication

A la boucherie

BOUCHER	Oui, Monsieur. Qu'est-ce que vous désirez aujourd'hui?
CLIENT	Je voudrais deux côtelettes d'agneau (de mouton), s'il vous plaît. Pas trop *minces*.
BOUCHER	*Epaisses* comme ça?
CLIENT	Parfait.
BOUCHER	Ça fait à peu près 350 grammes.
CLIENT	Ça va.
BOUCHER	Et avec ça?
CLIENT	Une livre de viande *hâchée*.
BOUCHER	D'accord, Monsieur. Quelque chose d'autre?
CLIENT	C'est tout, merci. Ça fait combien?

thin

Thick

chopped

Exercice 5   Answer the questions based on the preceding conversation.

1. L'homme est chez le boucher ou chez le charcutier?
2. Il parle à qui?
3. Il veut des côtelettes de mouton ou de porc?
4. Il les veut comment?
5. Elles pèsent combien les côtelettes?
6. Monsieur désire quelque chose d'autre?
7. Qu'est-ce qu'il veut?
8. Il en veut combien?

Vocabulaire

Read the following:

De nos jours la plupart des magasins en France donnent des sacs en plastique à leurs clients. Mais même aujourd'hui il n'est pas rare qu'on sorte faire les courses muni d'un filet, d'un panier ou de ses propres sacs.

Exercice 6   Complete the following statements.

1. Dans les supermarchés et les hypermarchés, le caissier met les provisions du client dans un _____.
2. Mais il n'y a pas mal de clients qui vont au marché ou à l'épicerie du coin munis _____ ou _____.

5.50
452 per 1

SITUATIONS

Activité 1

You are living for a while in Brittany **(en Bretagne).** You are in the grocery store doing some of your shopping. The clerk is waiting on you. You need the following items. Tell him.

1. a bottle of red wine
2. a bottle of noncarbonated mineral water **(plate)**
3. a roll of paper towels
4. two rolls of toilet paper
5. a can of tuna
6. a can of sardines in olive oil
7. a package of twelve teabags

8. a container or bottle of liquid detergent
9. a box of chocolates
10. a package of soap powder
11. a jar of strawberry jam
12. a package of frozen spinach
13. a bunch of fresh carrots
14. a bunch of celery

Activité 2

After leaving the grocery store, you go to your favorite butcher shop. You want to buy the following items. Tell the butcher.

1. four lamb chops
2. two filets of beef
3. two chicken breasts

1) 25 F
2) 5 F
3) 5 F
4) 10 F
5) 5 F
6) 5 F
7) 10 F

8. 25 F
9. 40 F
10. 6 F
11. 6
12. 2 F
13. 2 F
14. 3 F

COUP D'ŒIL SUR LA VIE

Activité 1

Read the following newspaper article about food shopping in France. Then consult a newspaper to find out the exchange rate today for the franc. Compare food prices in France with those in the United States.

FAITES VOTRE MARCHÉ EN FRANCE

Si vous faites votre marché en France voici ce que vous paierez : 9,50 F pour 8 yaourts, 15 F pour une plaquette de beurre de <u>500 grammes</u>, 30 F pour un poulet de 2 kilos, 9,50 F pour un litre de lait, 5 F pour un paquet de spaghetti de 500 grammes, environ 6 F pour un pot de mayonnaise et 4,50 F pour un pot de moutarde. Un bon fromage de chèvre revient à 8 ou 12 F pièce. Le pot de miel de 500 grammes vous reviendra à 22 ou 25 F, une bouteille de Beaujolais village coûtera entre 25 et 30 F et vous trouverez des Bordeaux acceptables autour de 40 F. Si vous avez oublié votre brosse à dents, vous la paierez à peu près 6 F et le dentifrice de 5 à 10 F. Pour bébé, la boîte de 52 couches ultra-absorbantes coûte dans les 80 F. Bon voyage !

Foods (Les aliments)

Vegetables (Les légumes)

artichoke   l'artichaut *(m.)*
asparagus   les asperges *(f.)*
beans   broad   les haricots secs *(m.)*, les
     fèves *(f.); green kidney*   les flageolets *(m.);*
     green beans   les haricots verts *(m.)*
beet   la betterave
broccoli   le brocoli
brussels sprouts   les choux de Bruxelles *(m.)*
cabbage   le chou; *savoy cabbage*   le chou frisé
carrot   la carotte
cauliflower   le chou-fleur
celery   le céleri
chestnut   le marron
chickpeas   les pois chiches *(m.)*
chicory   la chicorée, l'endive *(f.)*
corn   le maïs
cucumber   le concombre
eggplant   l'aubergine *(f.)*
endive   la chicorée, l'endive *(f.); curly endive*
     la (chicorée) frisée
garlic   l'ail *(m.)*
hearts of palm   les cœurs de palmier *(m.)*
leeks   les poireaux *(m.)*
lentils   les lentilles *(f.)*
lettuce   la laitue; *Boston lettuce*   la laitue,
     la laitue de mâche *(Canada)*
lima beans   les fèves de Lima *(f.)*
mushroom   le champignon
onion   l'oignon *(m.)*
parsnip   le panais
peas   les pois *(m.); green peas*   les petits pois
pepper   le piment, le poivron
potato   la pomme de terre
pumpkin   la citrouille
radish   le radis
rice   le riz
sauerkraut   la choucroute ✔ vegetable
shallot   l'échalote *(f.)* ✔
spinach   les épinards *(m.)*
squash   la courge, la courgette ✔

sweet potato   la patate douce ✔
tomato   la tomate
turnip   le navet
watercress   le cresson
zucchini   les courgettes *(f.)*

Fruits (Les fruits)

almond   l'amande *(f.)*
apple   la pomme
apricot   l'abricot *(m.)*
avocado   l'avocat *(m.)*
banana   la banane
blackberry   la mûre
cherry   la cerise
coconut   la noix de coco
currant   la groseille
date   la datte
fig   la figue
gooseberry   (la groseille) à maquereau
grape   le raisin
grapefruit   le pamplemousse
guava   la goyave
hazelnut   la noisette
lemon   le citron
lime   le limon, la lime, la limette
melon   le melon
olive   l'olive *(f.)*
orange   l'orange *(f.)*
papaya   la papaye
peach   la pêche
pear   la poire
pineapple   l'ananas *(m.)*
plum   la prune
pomegranate   la grenade ✔
prune   le pruneau
raisin   le raisin sec
raspberry   la framboise ✔
strawberry   la fraise; *wild strawberry*
     la fraise des bois
walnut   la noix
watermelon   la pastèque

Meats (Les viandes)

bacon   le lard, le bacon
beef   le bœuf, le bifteck
blood pudding   le boudin
bologna sausage   la mortadelle
brains   les cervelles (f.)
cold cuts   l'assiette anglaise (f.)
filet mignon   le filet mignon
goat   la chèvre
ham   le jambon
heart   le cœur
kidneys   les rognons (m.)
lamb   l'agneau (m.); lamb chop   la côtelette
    d'agneau; lamb shoulder   l'épaule
    d'agneau (f.); rack of lamb   le carré
    d'agneau
liver   le foie
meatballs   les boulettes de viande (f.)
mutton   le mouton
oxtail   la queue de bœuf
ox tongue   la langue de bœuf
pork   le porc; pork chop   la côtelette
    de porc
rib steak   l'entrecôte (f.)
sausage   les saucisses (f.)
spareribs   les basses-côtes (f.)
suckling pig   le cochon de lait
sweetbreads   les ris de veau (m.)
T-bone steak   la côte de bœuf
tongue   la langue
tripe   les tripes (f.)
veal   le veau; veal cutlet   la côtelette de
    veau; veal scallopini   l'escalope de
    veau (f.)

Fowl and game (La volaille et le gibier)

boar (wild)   le sanglier
capon   le chapon
chicken   le poulet
duck   le canard
goose   l'oie (f.)
hare   le lièvre
partridge   le perdreau, la perdrix
pheasant   le faisan

pigeon   le pigeon
quail   la caille
rabbit   le lapin
squab   le pigeonneau
turkey   la dinde
venison   le chevreuil

Parts (Les parties)

breast   la poitrine
chop   la côtelette
chopped meat   la viande hâchée
cutlet   la côtelette, l'escalope (de veau) (f.)
filet   le filet
filet mignon   les médaillons (m.)
leg of lamb   le gigot d'agneau
loin   l'aloyau (m.), la côte première
prime rib   la côte de bœuf
rack of lamb   le carré d'agneau
rib   la côte
rib roast   le contre-filet
sirloin   l'aloyau (m.)
steak   le filet, le bifteck
thigh   la cuisse
wing   l'aile (f.)

Fish and shellfish (Les poissons et les crustacés [fruits de mer])

anchovy   l'anchois (m.)
angler-fish   la lotte
barnacle   la bernacle
bass   la perche; sea bass   le bar
carp   la carpe
clam   la palourde
cod   la morue
codfish   le cabillaud
crab   le crabe
crayfish   les écrevisses (f.), les langoustes (f.)
eel   l'anguille (f.)
flounder   le carrelet, la plie (Canada)
frogs' legs   les cuisses de grenouille (f.)
grouper   le mérou
hake   le colin, la merluche
halibut   le flétan
herring   le hareng

lobster   le homard, la langouste; *rock*
        lobster   la langouste
mackerel   le maquereau
monkfish   la lotte
mullet   le mulet; *red mullet*   le rouget
mussel   la moule
octopus   la pieuvre, le poulpe
oyster   l'huître (f.)
perch   la perche
pickerel   le doré
pike   le brochet
plaice   le carrelet
prawns   les langoustines (f.)
red snapper   la perche rouge
salmon   le saumon
sardine   la sardine
scallops   les coquilles Saint-Jacques (f.)
sea bass   le loup, le bar
sea bream   la dorade
sea urchin   l'oursin (m.)
shrimp   la crevette
skatefish   la raie
smelts   les éperlans (m.)
snail   l'escargot (m.)
sole   la sole
squid   le calmar
swordfish   l'espadon (m.)
trout   la truite
tuna   le thon
turbot   le turbot, le turbotin
whiting   le merlan

Eggs (Les œufs)

fried eggs   les œufs sur le plat (m.), les
        œufs à la poêle (Canada)
hard-boiled eggs   les œufs durs (m.)
omelette   l'omelette (f.); *plain omelette*
        l'omelette nature; *with herbs*
        l'omelette aux fines herbes;
        with mushrooms   l'omelette aux
        champignons
poached eggs   les œufs pochés (m.)
scrambled eggs   les œufs brouillés (m.)
soft-boiled eggs   les œufs à la coque (m.)

Sweets and desserts (Les sucreries et les desserts)

apple turnover   le chausson aux pommes
cake   le gâteau
candy   le bonbon
caramel custard   la crème caramel
compote   la compote
cookie   le biscuit, le petit gâteau
cream puffs   les choux à la crème (m.)
custard   le flan, la crème renversée
custard tart   la dariole
doughnut   le beignet
gelatin   la gélatine
honey   le miel
ice cream   la glace, la crème glacée (Canada),
        vanilla ice cream   la glace à la vanille
jam   la confiture
jelly   la gelée (de fruits)
meringue   la meringue
pancake   la crêpe
pie   la tarte
rice pudding   le riz au lait
sponge cake   le biscuit de Savoie
syrup   le sirop
tart   la tarte
turnover   le chausson
waffle   la gaufre

Beverages (Les boissons)

after-dinner drink   le digestif
aperitif   l'apéritif (m.)
beer   la bière, le demi; *dark beer*   la bière
        brune; *light beer*   la bière blonde;
        tap beer   la bière à la pression
champagne   le champagne
chocolate   le chocolat; *hot chocolate*   le
        chocolat chaud
cider   le cidre, le cidre mousseux
coffee   le café; *black coffee*   le café noir;
        coffee with milk   le café au lait, le
        café-crème; *expresso*   le café express
Coke   le coca
ice   la glace
ice cubes   les glaçons (m.)

infusion (mint) l'infusion de menthe (f.)

juice le jus; apple juice le jus de pommes;
   fruit juice le jus de fruits

lemonade le citron pressé; soft drink
   la limonade

milk le lait

milkshake le lait frappé

mineral water l'eau minérale (f.);
   carbonated gazeuse; noncarbonated
   non-gazeuse, plate

sherry le xérès

soda le soda

soft drink la boisson gazeuse

tea le thé; with lemon le thé au citron;
   herb tea l'infusion (f.), la tisane;
   camomile la camomille; lime blossom
   le tilleul; iced tea le thé glacé

water l'eau (f.); ice water l'eau glacée

wine le vin; red wine le vin rouge;
   rosé le vin rosé; white wine
   le vin blanc

Condiments and spices (Les condiments et les épices)

anise l'anis (m.)

basil le basilic

bay leaf la feuille de laurier

capers les câpres (m.)

chives la ciboulette

cinnamon la cannelle

coriander la coriandre

fennel le fenouil

dill l'aneth (m.)

garlic l'ail (m.)

ginger le gingembre

ketchup la sauce de tomate, le catsup

marjoram la marjolaine

mayonnaise la mayonnaise

mint la menthe

mustard la moutarde

nutmeg la muscade, la noix de muscade

oregano l'origan (m.)

paprika le paprika

parsley le persil

pepper le piment, le poivre

rosemary le romarin

saffron le safran

sage la sauge

salt le sel

sesame le sésame

syrup le sirop

tarragon l'estragon (m.)

thyme le thym

vanilla la vanille

Miscellaneous food items (Divers produits alimentaires)

baking powder la levure artificielle

baking soda le bicarbonate de sodium, le
   bicarbonate de soude

bread le pain

butter le beurre

cereal les céréales

cheese le fromage; melted cheese
   le fromage fondu

cornstarch la farine de maïs

cream la crème

egg white le blanc d'œuf

egg yolk le jaune d'œuf

flour la farine

gravy la sauce

lard le lard

noodles les nouilles (f.), les pâtes (f.)

nut la noix

oil l'huile (f.); olive oil l'huile d'olive

peanut la cacahouète, l'arachide (f.);
   peanut butter le beurre d'arachide

pickle le cornichon

roll le petit pain

sandwich le sandwich

snack le casse-croûte

spaghetti le spaghetti

sugar le sucre

toast le pain grillé, les biscottes (f.),
   les rôties (f.) (Canada)

vinegar le vinaigre

yeast la levure

yogurt le yaourt

everything

Chapitre 13

Le restaurant

Vocabulaire

Le couvert — *cover charge & silverware*

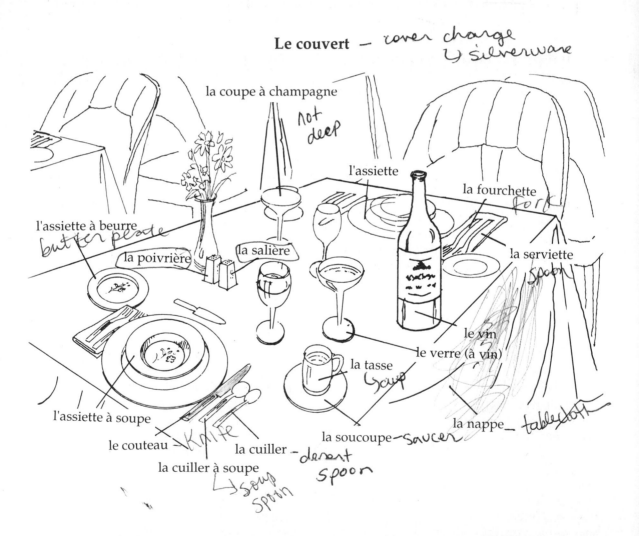

la coupe à champagne — *not deep*

l'assiette

la fourchette — *fork*

l'assiette à beurre — *butter plate*

la poivrière

la salière

la serviette — *spoon*

le vin

le verre (à vin)

la tasse — *soup*

l'assiette à soupe

le couteau — *knife*

la cuiller — *desert spoon*

la cuiller à soupe — *soup spoon*

la soucoupe — *saucer*

la nappe — *tablecloth*

NOTE   When asking for salt and pepper, you would ask for **du sel, du poivre.**

La préparation

bleu — *raw in center*
saignant — *bloody in center (outsides well done)*
à point — *medium ~~well~~ well*
bien cuit — *well cooked*

Read the following:

l'apéritif   une boisson alcoolisée que l'on boit avant le repas
le digestif   une boisson alcoolisée que l'on boit après le repas;
       remarquez que les cocktails américains ne sont pas très en vogue en France

NOTE   A complete list of food items appears on pages 88-91. A list of ways in which foods are frequently prepared appears on page 100.

Exercice 1   Tell what you would ask the waiter for if you found yourself in the following predicament.

1. Vous ne pouvez pas manger de soupe.
2. Vous ne pouvez pas couper la viande.
3. Vous ne pouvez pas boire de vin.
4. Vous ne pouvez pas boire de café.
5. Vous ne pouvez pas vous essuyer *(wipe)* la bouche.
6. Il n'y a pas de sel et vous en voulez pour vos pommes de terre.
7. Il n'y a pas de poivre.
8. Il manque tous les ustensiles pour une personne.

Exercice 2   You are going to order the following food items. Tell the waiter how you would like them cooked.

1. un bifteck
2. une côtelette de porc
3. un carré d'agneau
4. un poulet
5. un hamburger
6. une entrecôte
7. un chateaubriand
8. un gigot d'agneau

Exercice 3   Give the French word or expression that indicates each of the following cooking methods. Refer to the expressions on page 100 to do this exercise.

1. boiled in water
2. fried in oil
3. cooked on an open grill
4. baked or roasted in the oven
5. steamed
6. cooked lightly in butter in a frying pan
7. done in a roasting pan
8. mashed
9. stewed
10. vegetables boiled or cooked in their skin

Exercice 4   Explain in French what a typical place setting in a nice restaurant consists of.

Communication

Au restaurant

VOUS	Je ne sais pas quoi choisir.
AMI	(Moi) non plus.
VOUS	Voyons ce que le serveur nous propose (suggère).
	(Le serveur arrive.)
SERVEUR	Ce soir pour commencer je vous propose le pâté maison—c'est vraiment un de nos spécialités—très bon. Ça vous *tente?*
VOUS	Oui.
SERVEUR	Et ensuite, je vous propose le contre-filet.
VOUS	Très bien. Je le voudrais à point, s'il vous plaît.
SERVEUR	D'accord. Et avec ça une carafe de vin de la maison (la réserve du patron)?
VOUS	Oui, rouge, s'il vous plaît. Et une bouteille d'eau minérale plate.
SERVEUR	Et comme dessert?
VOUS	Des profiteroles au chocolat.
	(Plus tard)
VOUS	L'addition, s'il vous plaît.
SERVEUR	J'arrive tout de suite.
	(Il arrive avec l'addition.)

appeal

> VOUS   Le service est compris?
> SERVEUR   Oui, Monsieur. *(En voyant votre carte de crédit)*
>   Je suis désolé, Monsieur, mais la maison n'accepte
>   pas les cartes de crédit—chèques de voyage ou
>   liquide.

Exercice 5   Complete the statements based on the preceding conversation.

1. Pour commencer le serveur propose _____.
2. Le pâté maison est _____.
3. Ensuite le serveur propose _____.
4. Je le veux _____.
5. Pour boire j'ai commandé _____.
6. Gazeuse, non. J'ai commandé une bouteille d'eau minérale _____.
7. Le service est _____.
8. Le serveur est désolé car la maison _____.

Vocabulaire

Read the following:

En France il existe bien sûr des restaurants (haute cuisine, de gastronomie) de luxe où la qualité de la cuisine, du service, du confort et du décor est superbe. Mais on peut toujours aller au restaurant du coin où le patron proposera sans doute son plat du jour qui est souvent un plat garni—c'est-à-dire, la viande et les légumes servis sur la même assiette en même temps. Et avec ça on ne peut pas oublier une carafe de vin de la maison qui est un vin ordinaire mais presque toujours très bon.

    A Paris et en province il y a aussi des brasseries où l'on vous servira une bonne choucroute (de la choucroute, du porc, du bacon, des saucisses) que vous voudrez arroser sans doute avec une *bière à la pression*.   *draught beer*

    Il existe également des bistrots où vous pourrez commander, par exemple, une omelette (nature, au fromage, au jambon, aux fines herbes) ou un bifteck frites, souvent la spécialité du bistrot.

    En plus il y a des libre-service, des drugstores et des snack-bars dont la spécialisation c'est la *restauration rapide*.   *fast food*

Exercice 6   What would you order if you went to one of the following types of restaurants?

1. une brasserie
2. un restaurant de gastronomie
3. le bon petit restaurant du coin
4. un snack-bar
5. un bistrot

Exercice 7   How would you say the following in French?

1. French fries
2. to order (in a restaurant)
3. cafeteria
4. a draught beer
5. owner
6. a carafe of house wine
7. a cheese omelette
8. a dish of sauerkraut and various types of pork

SITUATIONS

Activité 1

You are having dinner at a seafood restaurant in the coastal town of Carnac in Brittany.
1. Call the waiter over and ask him if there is a house specialty.
2. You want to know what he suggests. Ask him.
3. You decide you do want the house specialty. Tell him.
4. The waiter asks you if you want wine. Tell him.
5. Ask the waiter if he can recommend a good dry white wine, since you are having seafood.
6. The waiter explains that many people order a nice Muscadet with their seafood. Ask him for either a bottle or a half-bottle.

Activité 2

You are in a small restaurant in the Loire Valley.
1. The waiter explains that the **médaillons de bœuf** are excellent this evening. You decide you want them. Tell the waiter.
2. He wants to know how you would like the **médaillons** prepared. Tell him.
3. Tell him you would also like the potatoes Dauphine.
4. You notice that you do not have a knife. Ask the waiter for one.
5. The waiter wants to know if you want wine. Since you are alone, explain to him that you just want a half-carafe of the red house wine.
6. The waiter returns to your table. Tell him what you want for dessert.
7. Ask the waiter for the check.
8. You are not sure if the service is included. Ask him.
9. You want to know if you can pay with a credit card. Find out.

COUP D'ŒIL SUR LA VIE

Activité 1

Read the following advertisement for a restaurant in Paris.

The following words or expressions are taken from the advertisement you just read. Match the words in the first column with their English equivalents in the second column.

1. ____ la cuisine bourgeoise
2. ____ un cadre
3. ____ plats mijotés
4. ____ une côte de bœuf
5. ____ le monde des affaires

a. business world
b. surroundings
c. prime rib
d. home cooking
e. stews

Activité 2

Read the following advertisement for another Parisian restaurant.

D'Chez Eux

Voilà un sympathique restaurant où la tradition fleurit depuis vingt ans avec le même sérieux, la même abondance, adaptés aux goûts du temps. Tout d'abord, l'accueil est toujours chaleureux et l'on se sent bien venu avec, en prime, un kir à la framboise et des saucissons. On ne se lasse pas de découvrir la saveur des produits vrais, d'apprécier l'assurance de la fabrication maison avec le chariot de hors d'œuvres et cochonnailles, le foie gras d'oie à l'ancienne. On y revient pour les plats régionaux comme l'agneau des Pyrénées, le cochon de lait rôti et son farçon savoyard gratiné, le canard en magret ou confit et pour déguster l'un des meilleurs cassoulets de Paris. Profitez aussi de la saison pour vous régaler de gibier, de Saint-Jacques et de bons petits plats tels la blanquette et le bœuf mode. La farandole des desserts est un des piliers incontournables de la maison. Une belle carte de vins et pour conclure un grand choix de digestifs avec les fameux Armagnacs. Il faut compter environ 320 F vin inclus.

● **D'CHEZ EUX**
2, av. de Lowendal, 75007 Paris.
Tél. 47.05.52.55. Fermé dimanche.

Match the words in the first column with their English equivalents in the second column.

1. ____ le magret de canard
2. ____ les cochonnailles
3. ____ la blanquette (de veau)
4. ____ l'agneau
5. ____ le digestif
6. ____ le cochon de lait rôti
7. ____ les saucissons
8. ____ le gibier
9. ____ le chariot de hors-d'œuvre
10. ____ le kir à la framboise

a. roast suckling pig
b. white wine with raspberry
c. delicatessen specialties
d. hors d'œuvre cart
e. breast of duck
f. ragout of goose, pork, mutton, and beans
g. veal in a white sauce
h. sausages
i. after-dinner drink

11. ____ le cassoulet
12. ____ le foie gras d'oie
13. ____ les plats régionaux

j. goose liver pâté
k. regional dishes
l. lamb
m. game

Activité 3

Read the following advertisement for pizza.

Find the equivalents for the following expressions in the advertisement you just read.

1. when you're hungry
2. you don't have the time to cook
3. its taste is irresistible
4. to your home or office
5. its crust is fresh
6. you don't feel like cooking
7. its ingredients are of the finest quality
8. three sizes
9. fifteen ingredients to choose from
10. you make up your own based on your preferences
11. all pizzas prepared and cooked to order (when ordered)

Ways of Preparing Foods (Façons de préparer la nourriture)

baked   cuit au four
boiled   bouilli
breaded   au gratin, gratiné
broiled   rôti
browned   gratiné
chopped   hâché, émincé
fried   frit
grilled   grillé, au charbon
in its natural juices   au jus
mashed   en purée
poached   poché
pureed   en purée
roasted   rôti

sauce (with)   en sauce
sautéed   sauté
smoked   fumé
steamed   à la vapeur
stewed   ragoût, en cocotte, mijoté, mitonné

Eggs (Les œufs)
fried   un œuf sur le plat
hard-boiled   dur
medium-boiled   mollet
poached   poché
scrambled   brouillé
soft-boiled   à la coque

La cuisine

Vocabulaire

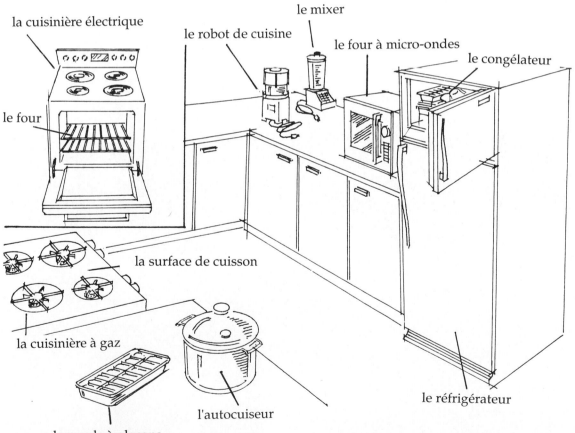

la cuisinière électrique

le mixer

le robot de cuisine

le four à micro-ondes

le congélateur

le four

la surface de cuisson

la cuisinière à gaz

l'autocuiseur

le réfrigérateur

le moule à glaçons

la poêle (la sauteuse, la friteuse)

la rôtissoire

la casserole

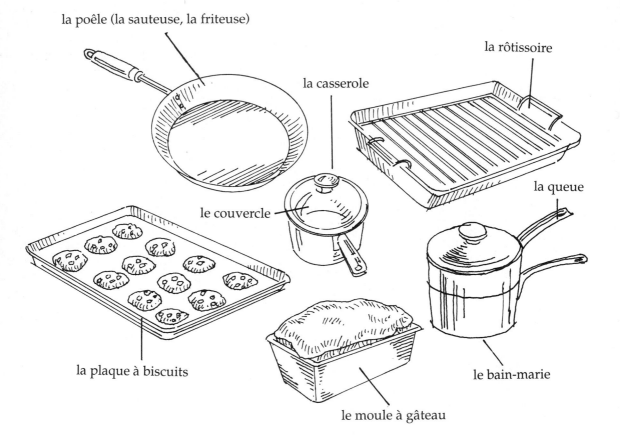

le couvercle

la queue

la plaque à biscuits

le bain-marie

le moule à gâteau

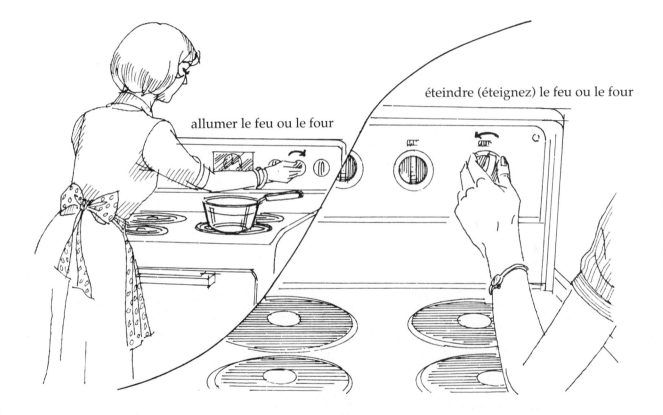

allumer le feu ou le four

éteindre (éteignez) le feu ou le four

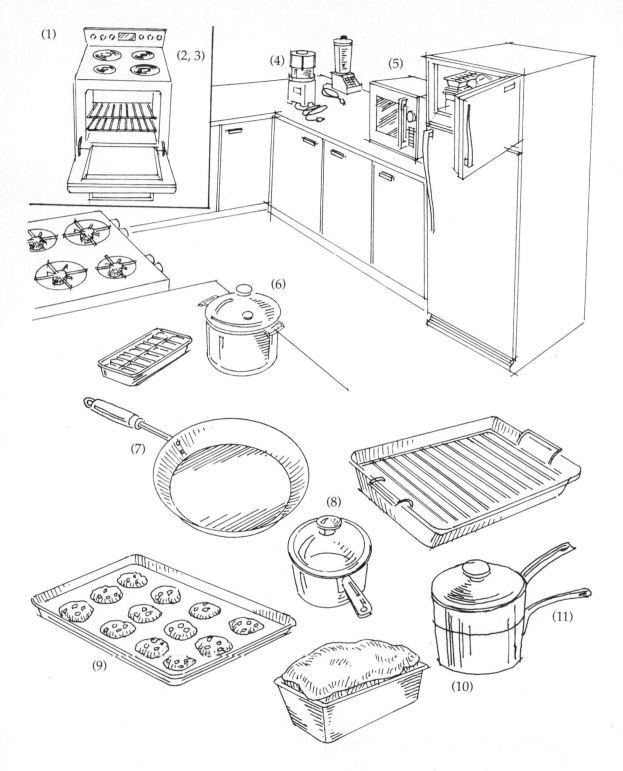

(1)

(2, 3)

(4)

(5)

(6)

(7)

(8)

(9)

(10)

(11)

Exercice 1   Answer the questions based on the illustrations on page 104.

1. C'est la cuisine ou la salle à manger?
2. C'est une cuisinière électrique ou à gaz?
3. Cette cuisinière a combien de surfaces de cuisson?
4. C'est un mixer ou un robot de cuisine?
5. C'est un four à gaz ou un four à micro-ondes?
6. C'est un robot de cuisine ou un autocuiseur?
7. C'est une poêle ou une rôtissoire?
8. C'est un bain-marie ou une casserole?
9. C'est un moule à gâteau ou une plaque à biscuits?
10. C'est une sauteuse ou un bain-marie?
11. C'est un couvercle ou une queue?
12. C'est la sauteuse ou le bain-marie qui a un couvercle?
13. C'est la casserole ou le bain-marie qui a plus de queues?

Exercice 2   Answer the following questions personally.

1. Vous avez une cuisinière électrique ou à gaz?
2. Il y a un congélateur dans votre réfrigérateur?
3. Vous avez combien de moules à glaçons?
4. Vous avez un robot de cuisine ou un mixer?
5. Vous aimez faire la cuisine?
6. Vous préférez que quelqu'un d'autre fasse la cuisine?
7. Vous vous servez souvent d'un robot de cuisine?
8. Vous avez un four à micro-ondes ou un autocuiseur?
9. Vous vous servez souvent de votre four à micro-ondes?
10. Si vous avez quelque chose que vous voulez faire cuire très vite, de quoi vous servez-vous?
11. Il est commode d'avoir un four à nettoyage automatique?

La cuisson

faire bouillir   faire cuire à l'eau
faire rôtir   faire cuire au four
faire griller   faire cuire sur le gril
faire frire   faire cuire à la poêle
faire sauter   faire cuire en tournant dans la sauteuse

faire trop cuire   Ah, zut! J'ai fait trop cuire la viande.
ne pas faire cuire assez   Et je n'ai pas fait cuire assez les légumes.

NOTE   A complete list of food items appears on pages 88-91. A list of ways in which foods are frequently prepared appears on page 100.

Exercice 3   Form sentences according to the model.

MODELE   les pommes de terre / frire
         On fait frire les pommes de terre.

1. la sole / sauter
2. le homard / bouillir
3. les côtelettes d'agneau / griller
4. le contre-filet / rôtir
5. les pattes (spaghetti) / bouillir
6. les champignons / sauter

Exercice 4   Answer the following questions.

1. Comment préparez-vous la truite?
2. Comment préparez-vous les légumes?
3. Comment préparez-vous le bacon?
4. Comment préparez-vous une côte de bœuf?
5. Comment préparez-vous les crabes?

Communication

Dans la cuisine

HELENE	Alors, Robert. C'est toi qui fais la cuisine ce soir?
ROBERT	Oui, et je vous prépare quelque chose de très américain.
HELENE	Ah, oui? Qu'est-ce que tu nous prépares?
ROBERT	Pour commencer, un bon cocktail de crevettes.
HELENE	Super! Tu les a déjà fait bouillir?
ROBERT	Oui. Je les laisse *refroidir* au réfrigérateur.

chill

HELENE	Et ensuite?
ROBERT	Le poulet frit. Et je ne vais le mettre à frire qu'au dernier moment. Je veux que la *peau* soit bien *croquante*.

skin
crisp

HELENE	Et qu'est-ce que tu vas servir avec?
ROBERT	Des pommes de terre *en robe des champs*. Ah zut! Je suis content qu'on en parle. Je dois les mettre au four. Il faut les faire cuire à peu près une heure. Et comme légumes, je vais servir des épinards. Je vais les faire sauter dans un peu d'huile d'olive avec de l'ail.

in their skins

Exercice 5   In your own words, give Robert's menu for the evening.

Exercice 6   Correct each of the false statements based on the preceding conversation.

1. Hélène va faire la cuisine.
2. Robert va préparer quelque chose de très français.
3. Il va servir un cocktail de langoustines.
4. Il a fait frire les crevettes.
5. Les crevettes sont en train de réchauffer dans le four.
6. Robert va servir un poulet rôti.
7. Il va faire griller le poulet.
8. Il va faire cuire les pommes de terre à la poêle.
9. Il va faire cuire les épinards à la vapeur avec un peu de jus de citron et une pincée de sel.

SITUATIONS

Activité 1

You are visiting the Pourreau family in Rennes. Tonight you are going to prepare dinner for them.

1. The Pourreaus want to know if you are going to be very "American" and make them hamburgers. Tell them no.
2. They ask you what you plan to make. You think you will make chicken. Tell them.
3. They want to know how you are going to prepare the chicken. You do not know whether you will fry it or grill it. Tell them.
4. Ask them how they prefer the chicken.
5. Mrs. Pourreau wants to know how you prepare your fried chicken. Tell her you really sauté it rather than fry it. Explain to her that you sauté it in a little oil and garlic.
6. The Pourreaus say that they like chicken prepared that way. Ask Mrs. Pourreau if she has a large skillet.
7. Tell them that you are also going to prepare potatoes. Since you are going to fry the chicken or sauté it, you do not think you will fry the potatoes. You will probably bake them in the oven. Explain this to the Pourreaus.
8. You also have some vegetables. Ask Mrs. Pourreau if she has a pot you can cook the vegetables in.
9. She wants to know if you want a lid. Tell her.

Chapitre 15

Chez le coiffeur pour hommes

Vocabulaire

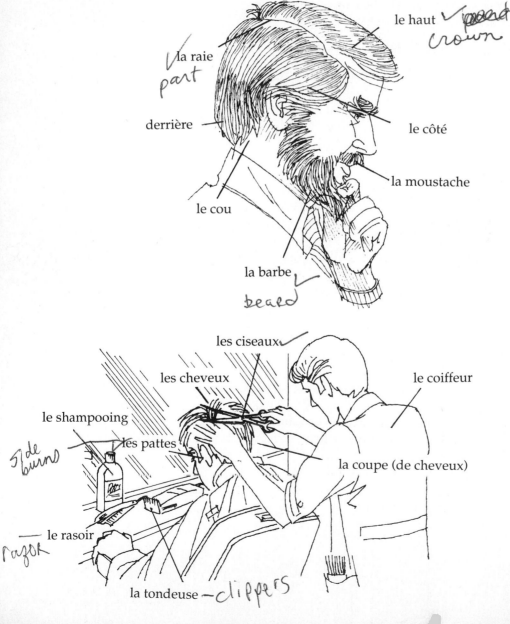

le haut ~~beard~~ crown

la raie part

derrière

le côté

le cou

la moustache

la barbe beard

les ciseaux

les cheveux

le coiffeur

le shampooing

les pattes — de burns

le rasoir razor

la coupe (de cheveux)

la tondeuse — clippers

Read the following:

> Le coiffeur lui coupe les cheveux.
> Il lui *taille* les pattes. ✔   *trim*
> Le client le veut un peu plus court sur le haut
>   (sur les côtés, sur le cou, derrière).

rafraîchir   couper un peu, pas trop

Exercice 1   Answer the questions based on the illustration.

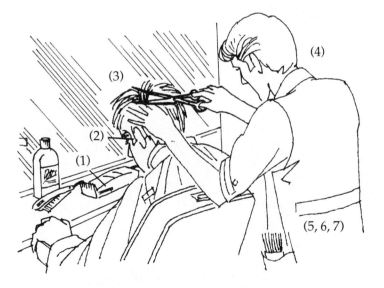

1. Ce sont les ciseaux ou les tondeuses?
2. Ce sont les cheveux ou les pattes?
3. Monsieur veut une coupe ou un shampooing?
4. C'est le coiffeur ou le client?
5. Le coiffeur lui taille la moustache ou les cheveux?
6. Le coiffeur lui coupe les cheveux avec les ciseaux, le rasoir ou la tondeuse?
7. C'est une coupe ciseaux ou rasoir?

Exercice 2 Choose the correct completion based on the illustration.

1. Monsieur a les cheveux _____.
   a. longs   b. courts
2. Il a la raie _____.
   a. à droite   b. à gauche
3. Monsieur a _____.
   a. des pattes longues   b. des pattes courtes
4. Monsieur a _____.
   a. une barbe   b. une moustache

Communication

Chez le coiffeur

CLIENT	Une coupe, s'il vous plaît.
COIFFEUR	Oui, Monsieur. Vous préférez les cheveux longs ou courts?
CLIENT	Assez courts, s'il vous plaît. Surtout, sur les côtés.
COIFFEUR	D'accord. Vous voulez un shampooing?
CLIENT	S'il vous plaît.
	(*Après*)
COIFFEUR	Ça va comme ça?
CLIENT	Un peu plus courts sur le haut et sur les côtés.
COIFFEUR	Et vous voulez la raie à droite ou à gauche?
CLIENT	Faites-moi la raie à gauche.

Exercice 3 Answer the questions based on the preceding conversation.

1. Jean est où?
2. Il préfère les cheveux longs ou courts?
3. Il veut un shampooing?
4. Comment veut-il les cheveux sur le haut et sur les côtés?
5. Il veut la raie de quel côté?

SITUATIONS

Activité 1

You are spending your vacation in Paris and your hair is getting too long. You decide to go to the barber shop.

1. Tell the barber you want a haircut.
2. He asks you how you want your hair. Tell him.
3. He wants to know if you want a part and, if so, where. Tell him.
4. Tell the barber you also want a shampoo.
5. Explain to him that you do not want him to use the clippers. You do not want your hair too short on the neck.

Chapitre 16

Chez le coiffeur pour femmes

Vocabulaire

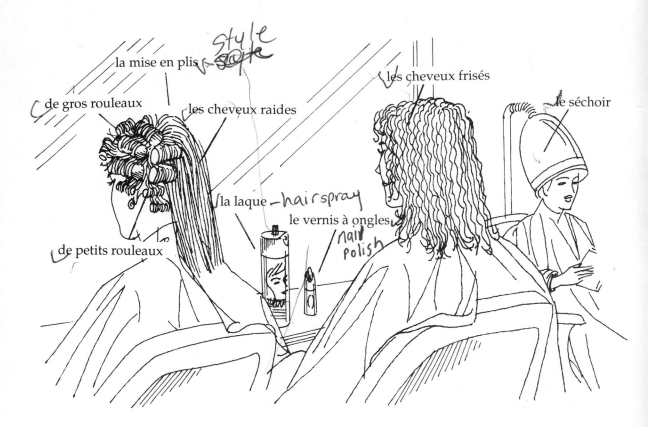

la mise en plis · style

de gros rouleaux

les cheveux raides

les cheveux frisés

le séchoir

la laque — hairspray

le vernis à ongles — nail polish

de petits rouleaux

Exercice 1 Answer the questions, using the illustration as a guide.

1. Le coiffeur lui fait une coupe *(cut)* ou une mise en plis?
2. Il fait la mise en plis avec de gros ou de petits rouleaux?
3. Le coiffeur lui coupe les cheveux avec le séchoir ou avec les ciseaux?
4. On met la laque sur les cheveux ou sur les ongles?
5. On met le vernis sur les cheveux ou sur les ongles?

Exercice 2 Guess the meaning of the following by matching the words in the first column with their English equivalents in the second column.

1. _f_ la couleur
2. _a_ le rinçage
3. _b_ le manucure
4. _c_ le brushing
5. _e_ le coup de peigne
6. _d_ la permanente

a. rinse
b. manicure
c. blow-dry
d. permanent
e. combing-out
f. dye job, coloring

Communication

Chez le coiffeur

CLIENTE   Une mise en plis, s'il vous plaît.
COIFFEUR Pas de coupe, Madame? Je crois que vous avez
          les cheveux un peu longs.
CLIENTE   Non, ça va comme ça. Je n'aime pas les cheveux
          trop courts.
COIFFEUR D'accord, Madame. Vous préférez les gros
          rouleaux ou les petits rouleaux?
CLIENTE   Les petits, s'il vous plaît.

Exercice 3   Answer the questions based on the preceding conversation.

1. Qu'est-ce que Ginette désire?
2. Qu'est-ce que le coiffeur propose?
3. Qu'est-ce que Ginette décide?
4. Quels rouleaux veut-elle?

SITUATIONS

Activité 1

You are in a beauty salon in Paris.
1. Tell the stylist you want a set and a combing-out.
2. He wants to know if you want a shampoo. Tell him.
3. He wants to know if you want a cut. Tell him.
4. You would like to know how much a coloring costs. Ask him.
5. Tell him you want a manicure.
6. Tell the manicurist you do not want polish on your nails.
7. The stylist wants to know if you want hairspray. Tell him.

Chapitre 17

Les vêtements

Vocabulaire

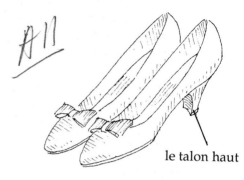

le talon haut

le talon bas

les chaussures en cuir

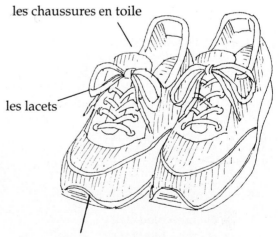

les chaussures en toile

les lacets

la semelle de caoutchouc

Read the following:

Ces chaussures ne me *vont* pas très *bien*.	*fit*
Elles me *font mal* aux pieds.	*hurt*
Elles ne sont pas assez *larges*.	*wide*
Elles sont trop *étroites*.	*tight, narrow*

Exercice 1   Answer the questions based on the illustration.

1. Ces chaussures sont en cuir ou en toile?
2. Les chaussures en toile sont des chaussures élégantes ou sportives?
3. Ces chaussures ont des semelles en cuir ou en caoutchouc?
4. Vous préférez les semelles en cuir ou en caoutchouc?
5. Elles ont des talons hauts ou bas?
6. Ces chaussures ont des lacets ou pas?
7. Vous préférez les chaussures avec lacets ou sans lacets?
8. Tu aimes ces chaussures?
9. Les chaussures que vous portez maintenant vous vont bien ou elles vous font mal aux pieds?
10. Les chaussures que vous portez maintenant vous vont bien ou sont trop étroites?
11. Quelle est votre pointure?

La description

Read the following:

un pantalon *à pinces*	*pleated, creased*
une jupe *plissée (à plis)*	*pleated*
un chemisier *à rayures (rayé)*	*striped*
une chemise *à carreaux*	*checked*
un veston *imprimé*	*print*
une veste *doublée*	*lined*
brodée	*embroidered*
frangée	*fringed, bordered*

Et vous préférez quelle couleur?

la chemise bleu clair
la chemise bleu foncé
la chemise (bleu) marine

Other popular colors for clothing are:

crème	marron (*brown*)	sable (*sand*)	olive
café	rose (*pink*)	kaki	saumon
beige	bordeaux	écru	gris acier

pointure—

serré
tight
ample
baggy
long
court
large
étroit

Les parties importantes des vêtements

le col
le boutonnage
la doublure
la taille
la fermeture éclair
la braguette
l'épaulette
le revers
la manche
la poche
le poignet (la manchette)
le bouton
le revers

NOTE **le revers** du pantalon et **l'ourlet** de la jupe

A complete list of articles of clothing and fabrics appears on pages 126-127.

Exercice 2   Answer the questions based on the illustrations.

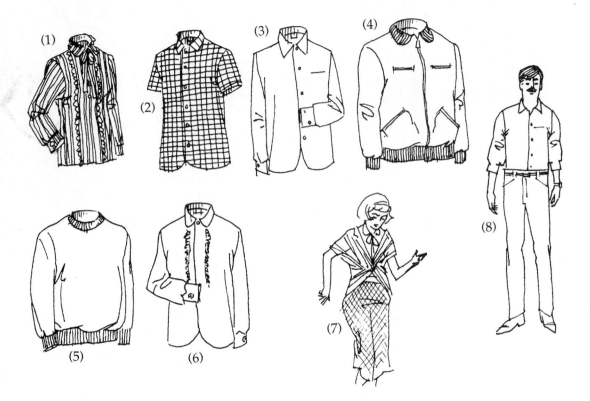

1. C'est un chemisier à carreaux ou à rayures?   *rayures*
2. C'est une chemise en coton à carreaux ou en coton à rayures?   *carreaux*
3. C'est une chemise à manches courtes ou à manches longues?   *longues*
4. Le blouson a des boutons ou une fermeture éclair?   *fermeture éclair*
5. Ce pull a un col rond ou carré?   *rond*
6. Cette chemise a des poignets?   *Oui*
7. Cette veste, elle est trop ample ou trop serrée pour la femme?   *trop serrée*
8. Les manches de cette chemise sont trop courtes ou trop longues pour l'homme?

Exercice 3   Answer the questions based on the illustration.

1. Ce pantalon a des revers ou pas? *des revers*
2. Ce pantalon a une braguette? *Oui*
3. C'est une braguette à boutons ou
   à fermeture éclair? *à fermeture éclair*
4. Ce pantalon a des poches? *Oui*
5. On porte ce pantalon avec une ceinture
   ou sans ceinture? *Non.*

Exercice 4   Indicate your favorite color and style (if possible) for each of the following items of clothing.

pour homme

1. le pantalon
2. le veston
3. la chemise
4. le complet
5. le blouson
6. le manteau
7. l'imper

pour femme

1. la jupe
2. le chemisier
3. le tailleur
4. l'écharpe
5. le blouson
6. le manteau
7. l'imper

Read the following:

Cette cravate va très bien avec ce veston.
Ce veston va bien avec le pantalon.

Exercice 5   Answer the following questions.

1. Une jupe à rayures va très bien avec un chemisier à carreaux?
2. Une chemise rayée va bien avec une cravate à carreaux?
3. Une jupe grise va bien avec une veste du même coloris?
4. Un pantalon beige irait bien avec une veste bleu marine?

Communication

Au rayon prêt-à-porter (confection) pour hommes

VENDEUR	Je pourrais vous aider, Monsieur?
CLIENT	Oui, je voudrais un veston, s'il vous plaît.
VENDEUR	Quelle taille?
CLIENT	Quarante-deux, je crois.
VENDEUR	Vous préférez un veston classique ou plutôt sportif?
CLIENT	Sportif, s'il vous plaît. Elégant mais *décontracté*.
VENDEUR	Je comprends. J'ai un grand choix. Ici j'en ai un qui est très sportif—en coton imprimé avec un seul bouton. J'ai ce veston en bleu marine, rose pâle et crème.
	(Quelques secondes plus tard)
	Qu'est-ce que vous en pensez?
CLIENT	Je l'aime bien en crème.
VENDEUR	*Essayez-le.*
	(Plus tard)
	Il vous va très bien.
CLIENT	Je le trouve très *chouette*.
V.ENDEUR	Et j'ai un pantalon marron avec revers. C'est en coton mélangé—une coupe ample. Ça avec un pull en tricot en un jaune qui *tranche*. C'est super! Un look décontracté, mais chic.

Margin glosses:
casual, laid back
Try it on.
nice
stands out

Exercice 6 Choose the correct completion based on the preceding conversation.

1. Le jeune homme veut acheter _____.
   a. un pantalon   b. un veston   c. un complet
2. Il est dans _____.
   a. une boutique   b. un grand magasin   c. une confection
3. Sa _____ est 42.
   a. taille   b. pointure   c. couleur
4. Il voudrait un veston _____.
   a. imper   b. classique   c. sportif
5. Le veston qu'il choisit est _____.
   a. en coton imprimé   b. un jaune qui tranche   c. droit à trois boutons
6. Le veston est _____.
   a. marine   b. foncé   c. crème
7. Le veston a _____.
   a. une fermeture éclair   b. trois poches poitrines   c. un seul bouton

8. Le vendeur lui montre _____.
   a. un pull   b. une chemise   c. un pantalon
9. Le tout a un look très _____.
   a. formel   b. décontracté   c. classique

Au rayon confection (prêt-à-porter) pour femmes

VENDEUSE	Je peux vous renseigner, Mademoiselle?
CLIENTE	Oui, je voudrais une veste et une jupe, s'il vous plaît.
VENDEUSE	Vous préférez un look sportif ou classique?
CLIENTE	Pas trop sévère, plutôt décontracté que classique.
VENDEUSE	D'accord, Mademoiselle. J'ai une très jolie jupe à pinces en gris acier qui descend jusqu'aux *genoux*.
CLIENTE	Le gris acier est un coloris neutre qui me plaît beaucoup.
VENDEUSE	C'est vrai. Ça va avec tout. Quelle est votre taille, Mademoiselle?

knees (for *genoux*)

(Give your size.)

(Quelques minutes plus tard)

CLIENTE	Je peux l'essayer?
VENDEUSE	Bien sûr, Mademoiselle. Le vestiaire est au fond du rayon à droite.

(Quelques minutes plus tard)

C'est superbe—vraiment élégant, chic, dirais-je—
mais simple et décontracté. Si par hasard ça vous
intéresse, j'ai une veste en bleu foncé à revers
amples avec trois boutons *or (dorés)*. Avec cette jupe   gold
ça fait un ensemble extra.

CLIENTE	Peut-être.
VENDEUSE	Et avec cette écharpe à pois blancs en soie….

Exercice 7 Answer the questions based on the preceding conversation.

1. Qu'est-ce que la jeune fille veut acheter?
2. De quelle couleur est la jupe que la vendeuse lui montre?
3. La jupe est très longue?
4. Elle aime le gris acier. Pourquoi?
5. De quelle couleur est la veste que la vendeuse lui suggère?
6. La veste a des revers?
7. Et elle a combien de boutons?
8. La vendeuse suggère une écharpe à carreaux ou à pois?

SITUATIONS

Activité 1

You are speaking with the sales clerk in a men's clothing store in Lille, in northern France. You want to buy a sport coat. The sales clerk wants to know something about your tastes.
1. He wants to know what color you want. Tell him.
2. He wants to know your size. Tell him.
3. He wants to know if you prefer wide or narrow lapels. Tell him.
4. He asks you if you prefer a certain fabric. Tell him.
5. Tell him you want a shirt that goes with the jacket.
6. He wants to know if you want a long-sleeved or short-sleeved shirt. Tell him.
7. He wants to know if you prefer a particular fabric. Tell him.
8. He wants to know what color shirt you want. Tell him.

Activité 2

You are speaking with a clerk in a women's clothing store in Lille, in northern France. You are interested in buying a skirt.
1. The sales clerk wants to know if you prefer a long skirt or a short one. Tell her.
2. She wants to know what fabric you prefer. Tell her.
3. She wants to know if you want a pleated skirt. Tell her.
4. She wants to know what colors you like. Tell her.
5. You would also like to look at some blouses. Tell her.
6. She asks you what size blouse you wear. Tell her.
7. She wants to know if you want a long-sleeved or short-sleeved blouse. Tell her.
8. She wants to know if you would like stripes. Tell her.
9. She suggests you also get a scarf to go with the outfit. Tell her if you are interested or not.

COUP D'ŒIL SUR LA VIE

Activité 1

Read the following headline that appeared in a men's fashion magazine in Paris.

Il est revenu le temps des chemises en coton orné,
brodé de fleurs comme il y a vingt ans.

LE TEMPS DES CHEMISES

And here is a description of one of the shirts advertised in the article.

FANTAISIE MODERNE
Chemise en coton blanc à boutons
à pression, fleurs de corail rouge
et orange placées col, poignet et
boutonnage.

Give the following information based on the advertisement you just read.

1. le tissu *en coton*
2. la chemise a des boutons ou une fermeture éclair *des bouton*
3. la couleur *rouge orange blanc*
4. l'emplacement des fleurs *rouge et orange*

Activité 2

Read this advertisement for a
store in France. Then give the
following information based on
the advertisement.

ODETTE
SUR MESURE. Bustier, soutien-
gorge, guêpière, combiné, main-
tien dorsal, maillot de bain.
Sur **rendez-vous,**
66, rue d'Hauteville, 75010 Paris.
47.70.42.77 (4ᵉ ét. av. ascenseur).

1. What does the store sell?
2. What words in the advertisement mean "back support"?

State in French how the advertisement indicates the following.

1. You can only go there by appointment.
2. Items are made to order.
3. The store has an elevator.
4. The store is located on the fourth floor.

Activité 3

Read the following advertisement.

> *par autorisation préfectorale*
>
> # L O R È N E
> 66, avenue Victor-Hugo Paris 16e
>
> # LIQUIDATION TOTALE
> du stock de prêt-à-porter féminin
> **NINA RICCI - BLEU MARINE DESIGN - SQUADRA**
> ## Robes et ensembles habillés
> ## à prix sacrifiés

How does the advertisement indicate the following?

1. The store is having a sale of all their stock. *Liquidation totale du stock de prêt à porter*
2. They sell women's ready-to-wear clothing. *Robes et ensembles habillés*
3. They offer dresses at below normal prices.

Activité 4

Read the following description of an outfit that appeared in a recent edition of the men's magazine *Officiel*.

> **Veste droite en beige clair 2300F**
> **Chemise Pierre Dalrey rayures rose pâle et blanches—**
> **manches courtes 280F**
> **Pantalon à pinces en lin beige clair 890F**
> **Pochette et cravate en soie, ceinture en cuir tressé**

Give the following information based on the description you just read.

la veste
1. le style ou la coupe
2. la couleur
3. le prix

la chemise
1. imprimée, rayée ou à carreaux
2. le couturier
3. la couleur
4. les manches

Tell which items of clothing were made from the following fabrics.

1. soie
2. lin
3. cuir

Choose the correct completion.

Le tout a une allure _____.
   a. habillée
   b. formelle
   c. classique
   d. sophistiquée mais décontractée

Men's Clothing (Les vêtements masculins)

ascot   l'ascot *(m.)*
belt   la ceinture
bermuda shorts   le bermuda
boots   les bottes *(f.)*
bow-tie   le nœud papillon
briefs (bikini underpants)   le slip
cardigan sweater   le cardigan
gloves   les gants *(m.)*
handkerchief   le mouchoir;
     decorative for jacket pocket
     la pochette
hat   le chapeau
jacket   la veste;   *double-breasted*
     jacket   la veste croisée;   *outer jacket*
     le blouson;   *single-breasted jacket*
     la veste droite
jeans   le jean
jogging pants   le caleçon
necktie   la cravate
nightshirt   la chemise de nuit
overcoat   le manteau
pajamas   le pyjama
pants   le pantalon
parka   le parka
pullover sweater   le pull

raincoat   l'imperméable *(m.)*, l'imper *(m.)*
sandals   les sandales *(f.)*
shirt   la chemise
shoes   les chaussures *(f.)*;   *beach shoes*   les
     espadrilles *(f.)*
shorts   le short
slacks   le pantalon;   *sporty slacks*   le caleçon
sneakers   les tennis *(m.)*
socks   les chaussettes *(f.)*
sport coat   la veste
suit   le complet, le costume
suspenders   les bretelles *(f.)*
sweater, cardigan   le cardigan;   *pullover*
     sweater   le pull
T-shirt   le T(ee) shirt
trenchcoat   l'imper trench *(m.)*
tuxedo   le smoking
umbrella   le parapluie
underpants   le caleçon;   *bikini-type briefs*
     le slip
undershirt   le maillot de corps
underwear   les sous-vêtements *(m.)*
vest   le gilet
wallet   le portefeuille
windbreaker   le blouson

Women's Clothing (Les vêtements de femme)

bathing suit   le maillot
bermuda shorts   le bermuda
blazer   le blazer
blouse   le chemisier, la blouse
cape   la cape
cardigan sweater   le cardigan
change purse   le porte-monnaie
dress   la robe
evening gown   la robe du soir
fur coat   le manteau de fourrure

gloves   les gants *(m.)*
handkerchief   le mouchoir
hat   le chapeau
jeans   le jean
negligee   le peignoir, le déshabillé
overcoat   le manteau
pajamas   le pyjama
panties   la culotte;   *bikini-type briefs*   le slip
pants   le pantalon
pants suit   l'ensemble pantalon *(m.)*

pantyhose   le collant
pocketbook   le sac à main
pullover sweater   le pull
raincoat   l'imperméable *(m.)*, l'imper *(m.)*
scarf   l'écharpe *(f.)*, le foulard
shoes   les chaussures *(f.)*
shorts   le short
skirt   la jupe
slacks   le pantalon
slip, full   la combinaison (-jupon);
   half-slip   le jupon

socks   les chaussettes *(f.)*
stockings   les bas *(m.)*
suit   le tailleur
sweater   le cardigan, le tricot, le pull
tights   le collant
trenchcoat   l'imper trench *(m.)*
umbrella   le parapluie
undergarments   les sous-vêtements *(m.)*
windbreaker   le blouson

Fabrics (Les tissus)

blend   le mélange (mélangé), la
   combinaison (combiné)
cashmere   en cachemire
corded   en laine côtelée
corduroy   en velours côtelé
cotton   en coton
cotton blend   en coton mélangé
felt   en feutre
flannel   en flanelle
gabardine   en gabardine
jean   en denim
knit   en tricot

leather   en cuir
linen   en lin, en toile
nylon   en nylon
polyester   en polyester
poplin   en popeline
seersucker   en (coton) seersucker
silk   en soie
suede   *(shoes)* en daim; *(gloves)* en suède
swansdown   en coton molletoné
terry cloth   en tissu éponge
wool   en laine
worsted wool   en laine peignée

shrinkable   rétrécissable
synthetic   en tissu synthétique
washable   lavable
wrinkle-resistant   en tissu infroissable

Chapitre 18

La teinturerie et la blanchisserie

Vocabulaire

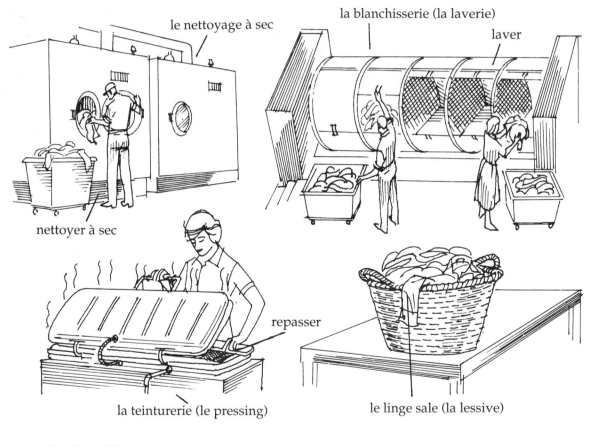

le nettoyage à sec

la blanchisserie (la laverie)

laver

nettoyer à sec

repasser

la teinturerie (le pressing)

le linge sale (la lessive)

Read the following:

Je voudrais *faire laver* cette chemise.	*have...washed*
Je voudrais aussi *la faire repasser*.	*have it pressed*
Je voudrais *faire nettoyer (à sec)* cette veste.	*have...dry cleaned*

NOTE   A complete list of articles of clothing and fabrics appears on pages 126-127. Also note that **la lessive** can mean "wash (laundry)" or "soap powder."

Exercice 1   Complete the following statements.

1. Ce tricot est en laine. On ne peut pas le laver. On doit le _____.
2. J'ai beaucoup de linge sale. Je ne peux pas le laver moi-même. Je vais le _____ laver à _____.
3. Cette veste est très chiffonnée (froissée) *(wrinkled)*. Je vais la porter au pressing pour la faire _____.

Exercice 2   Match the activity in the first column with the establishment in the second column.

1. _____ Je voudrais faire repasser ce complet.
2. _____ Je voudrais faire laver cette chemise.
3. _____ Je ne vais pas la faire laver. Je vais la laver moi-même.
4. _____ Je vais faire repasser ce pantalon.

a. la blanchisserie
b. la teinturerie
c. la launderette *(Canada)*

Exercice 3   Provide another expression for each of the following.

1. la laverie
2. la teinturerie
3. le linge sale
4. chiffonné

Communication

A la teinturerie

EMPLOYE   Oui, Monsieur.
CLIENT   Vous pourriez me nettoyer à sec cette veste?
EMPLOYE   Oui.
CLIENT   Je peux l'avoir pour demain?
EMPLOYE   Pas de problème, Monsieur. Vous pouvez passer par ici vers quatre heures.
CLIENT   D'accord. Et merci.

Exercice 4   Answer the questions based on the preceding conversation.

1. Où est Monsieur?
2. Qu'est-ce qu'il a?
3. Qu'est-ce qu'on va faire à la teinturerie?
4. Quand est-ce que le client pourra aller chercher sa veste?
5. Il pourra passer chez la teinturerie à quelle heure?

A la blanchisserie

CLIENTE   Deux chemises à laver et repasser.
EMPLOYE   Oui, Mademoiselle. Vous les voulez *amidonnées?*   *starched*
CLIENTE   Non. Pas d'amidon, s'il vous plaît.
EMPLOYE   D'accord, Mademoiselle.

Exercice 5   Complete the statements based on the preceding conversation.

1. La cliente va _____.
2. Elle y porte deux _____.
3. Elle veut les faire _____.
4. Elle ne veut pas _____.

SITUATIONS

Activité 1

You are in a dry cleaner's in Strasbourg.
1. You want to have a suit cleaned and pressed. Tell the clerk.
2. Ask when you can have it.
3. The clerk wants to know when you would like to have it. Tell him.

Activité 2

You are in a laundry in Pointe-à-Pitre, Guadeloupe.
1. You have two regular shirts and two T-shirts you want washed. Tell the clerk.
2. She wants to know if you want starch in the shirts. Tell her.
3. She wants to know if you want them ironed, too. Tell her.

Chapitre 19

Chez le médecin

Vocabulaire

Un examen médical

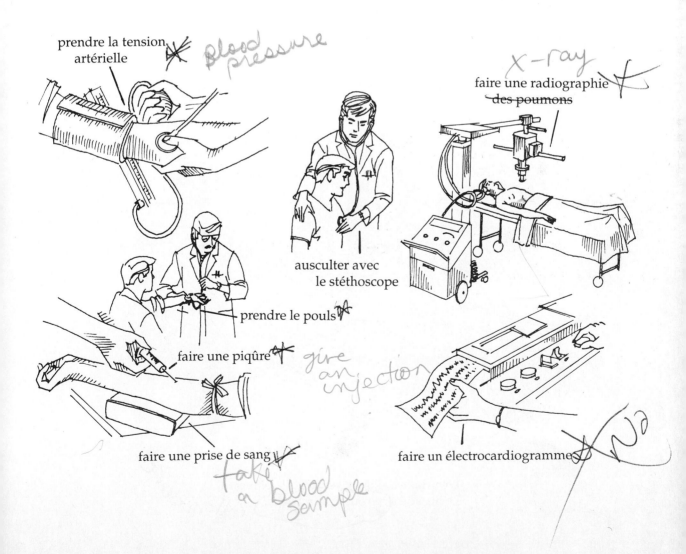

prendre la tension artérielle — *blood pressure*

faire une radiographie des poumons — *x-ray*

ausculter avec le stéthoscope

prendre le pouls

faire une piqûre — *give an injection*

faire une prise de sang — *take a blood sample*

faire un électrocardiogramme

Exercice 1 Answer personally.

1. Vous avez un examen médical de temps en temps?
2. Vous allez chez le médecin?
3. Qui est votre médecin?
4. Quand le médecin vous donne (fait) un examen médical, il prend votre tension artérielle?
5. Vous avez la tension normale ou élevée?
6. Le médecin prend votre pouls?
7. Il prend votre pouls à l'artère du poignet?
8. Le médecin ausculte votre cœur?
9. Il vous fait un électrocardiogramme?
10. Il vous ausculte les poumons?
11. Il vous fait une radiographie des poumons?
12. Le médecin fait une prise de votre sang?
13. Quel est votre groupe sanguin?

Le malade s'allonge sur le lit (le brancard).
Le malade a retroussé sa manche.

roll up sleeve

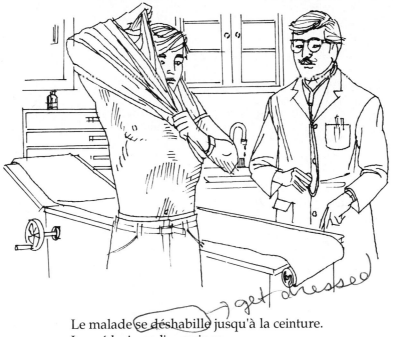

Le malade se déshabille jusqu'à la ceinture.
Le médecin va l'examiner.

Exercice 2 Choose the correct completion.

1. Le malade se déshabille jusqu'à la ceinture car _____.
   a. le médecin veut lui prendre le pouls
   b. le médecin veut examiner sa gorge
   c. le médecin veut lui ausculter les poumons
2. Le malade s'allonge sur le lit car _____.
   a. le médecin veut examiner ses yeux.
   b. le médecin veut lui faire un électrocardiogramme
   c. le médecin va lui faire une radiographie des poumons
3. Le médecin lui fait une piqûre car _____.
   a. il veut l'ausculter
   b. il veut le radiographier
   c. il veut lui faire une prise de sang
4. Le malade retrousse sa manche car _____.
   a. le médecin va prendre son pouls
   b. le médecin va prendre sa tension artérielle
   c. le médecin veut un échantillon (un spécimen) d'urine

Exercice 3   The doctor instructs you to do the following. Match the doctor's command with the appropriate illustration.

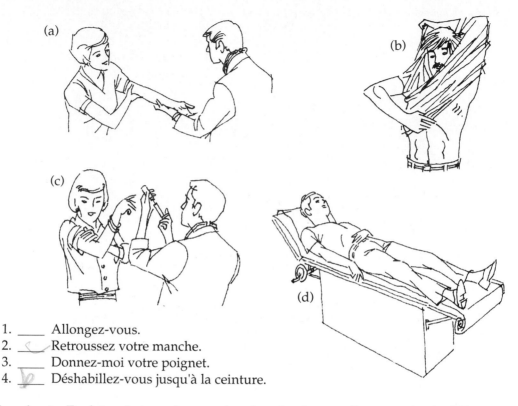

1. _____ Allongez-vous.
2. _____ Retroussez votre manche.
3. _____ Donnez-moi votre poignet.
4. _____ Déshabillez-vous jusqu'à la ceinture.

Exercice 4   Explain what you have to do when the doctor tells you to do the following.

1. Je vais vous faire une radiographie des poumons.
2. Je vais prendre votre tension artérielle.
3. Je vais vous faire une prise de sang.
4. Je vais vous faire un électrocardiogramme.

Read the following:

Le généraliste est un médecin qui soigne toutes les maladies. Il reçoit ses patients dans son cabinet, généralement sur rendez-vous. Après la consultation vous payez des honoraires.

En France, si vous êtes trop malade pour aller chez le médecin, il viendra vous voir —il vous fera une visite à domicile. Le médecin vous fait un diagnostic et souvent il vous prescrit des médicaments en vous donnant une ordonnance.

Si le diagnostic (ou le cas) est plus compliqué, le généraliste vous conseillera d'aller voir un spécialiste—c'est-à-dire un médecin qui se spécialise dans ce genre de maladie.

Exercice 5   Read the preceding passage again and find the French equivalents for the following expressions.

1. family doctor or internist
2. to treat, care for
3. (doctor's) office visit
4. (doctor's) home visit
5. doctor's office
6. by appointment
7. diagnosis
8. prescription
9. to prescribe
10. illness, disease
11. specialist
12. doctor's fee

Exercice 6   Answer personally.

1. Quel est le nom de votre généraliste?
2. Où est son cabinet?
3. Il donne des consultations sur rendez-vous?
4. Quels sont ses honoraires pour une consultation?

Read the following:

Ça me *fait mal* là.	*hurts*
C'est vraiment *douloureux*.	*painful*
J'ai un *bouton*.	*pimple*
J'ai une *ampoule*.	*blister*
J'ai des *boutons (des taches rouges, une éruption)*.	*rash*
Ça me *démange*.	*itches*
J'ai un *léger mal de tête*.	*slight headache*
Je n'ai pas de migraine.	
J'ai mal à l'estomac.	
J'ai des nausées.	
J'ai des *vertiges*.	*I am dizzy.*
Je me suis *évanoui(e)*. (s'évanouir)	*I fainted.*
J'ai *repris connaissance*.	*I came to.*
J'ai vomi.	
Je suis congestionné(e).	
J'ai des problèmes à respirer.	
J'ai des problèmes avec mes *règles*.	*menstrual periods*

la capsule

le cachet

le comprimé (la pilule)

NOTE   A list of the parts of the body appears on page 142.

Exercice 7   Complete the following monologues.

1. Qu'est-ce que je suis malade. Je suis fou. Je suis resté trop longtemps au soleil. J'ai _____ à l'estomac. Je crois que je vais _____. J'ai un léger _____ de tête. J'ai des _____ et des _____. Oh, là, là. J'ai peur. Je suis très faible. Je crois que je vais m'_____.

2. J'ai un rhume. J'ai mal à la gorge. Je tousse beaucoup. J'ai _____ à la poitrine. C'est vraiment _____. J'ai des difficultés à _____. Chaque fois que je respire à fond, je _____ encore. Et qu'est-ce que je suis _____. J'ai perdu ma voix. Je suis aphone.

3. Tiens! Qu'est-ce que j'ai? Cette tache rouge. Qu'est-ce que c'est—un _____ ou une _____? Ça me démange.

Communication

Dans le cabinet du médecin

MÉDECIN	Vous ne vous sentez pas bien?
MALADE	Non. Pas du tout.
MÉDECIN	Expliquez-moi vos symptômes.
MALADE	Il y a deux jours je me suis évanoui mais j'ai repris connaissance tout de suite.
MÉDECIN	Et vous ne m'avez pas téléphoné?
MALADE	Non. Je ne croyais pas que ce soit nécessaire.
MÉDECIN	Et maintenant?
MALADE	J'ai un léger mal de tête.
MÉDECIN	Pas de migraine?
MALADE	Non.
MÉDECIN	Vous avez des nausées?
MALADE	Oui, et des vertiges aussi.
MÉDECIN	Et des vomissements?
MALADE	Oui, j'ai vomi deux fois.
MÉDECIN	Allongez-vous, s'il vous plaît. Je veux examiner votre *ventre*. Vous avez des douleurs abdominales?
MALADE	Ah, oui.
MÉDECIN	Je crois que vous avez une intoxication alimentaire mais pour en être sûr je vous conseille d'aller voir le docteur qui est spécialiste en gastro-entérite.
MALADE	Oh, mon Dieu. J'espère qu'il ne va pas me mettre en observation. Je ne veux pas aller à l'hôpital (être hospitalisé).

stomach (gloss for *ventre*)

Exercice 8 In your own words, give the symptoms of the patient in the preceding conversation.

Exercice 9 Choose the correct rejoinder.

1. Il est très malade.
    a. Toutes les maladies sont graves.
    b. Il ne se sent pas bien du tout.
    c. Il a une maladie mentale.
2. Il s'est évanoui?
    a. Non, il n'a jamais repris connaissance.
    b. Oui, il a perdu la connaissance.
    c. Et on ne l'a pas récupéré.
3. Il a une migraine?
    a. Non, c'est vraiment douloureux.
    b. Oui, on va lui faire une piqûre.
    c. Non, il a un léger mal de tête.
4. Il a un léger mal de tête.
    a. Il va prendre deux comprimés de pénicilline.
    b. Il va prendre deux cachets d'aspirine.
    c. Le médecin va l'hospitaliser.
5. Il a des douleurs abdominales?
    a. Oui, le médecin va radiographier le ventre et les voies intestinales.
    b. Oui, il a toujours des problèmes avec les règles.
    c. Oui, il est aphone.
6. Il a une intoxication alimentaire?
    a. Oui. Il a trop bu. Il était ivre (soûl).
    b. Oui. Il a dû manger quelque chose qui était pourri *(rotten)*.
    c. Oui. Il a trop mangé.
7. On va le mettre en observation?
    a. Oui, il va chez le spécialiste.
    b. Oui, le médecin l'a examiné.
    c. Oui, on va l'hospitaliser pour quelques jours.

SITUATIONS

Activité 1

You are a student in France, and you will be spending an extended period of time there. Since you believe in preventive medicine **(la médecine préventive),** you decide to go for a physical, or medical checkup. You have already had your exam and you thought it was quite thorough. Explain to a French colleague all that the doctor did.

Activité 2

You are vacationing in France and you really feel awful. You think you caught **(attraper)** the flu.

1. Call the hotel desk and explain your problem. Ask if they can give you the name of a doctor.
2. Not only did they give you the name of a doctor but they told you that she would come to the hotel. Explain your symptoms to the doctor.
3. You are amazed that the doctor was willing to visit you at the hotel because you were too ill to go out **(vous déplacer)**. Tell her.
4. Explain to the doctor that it is very difficult to have a doctor visit you in the United States. It is almost always necessary to make an appointment and go to the doctor's office.

Activité 3

You have been traveling in the rural areas of Haiti where foreigners are frequently bothered by intestinal and stomach problems. You are not feeling too well and you have just returned to the capital, Port-au-Prince. You decide to go to the doctor. Explain your symptoms to her.

Chapitre 20

Un accident

Vocabulaire

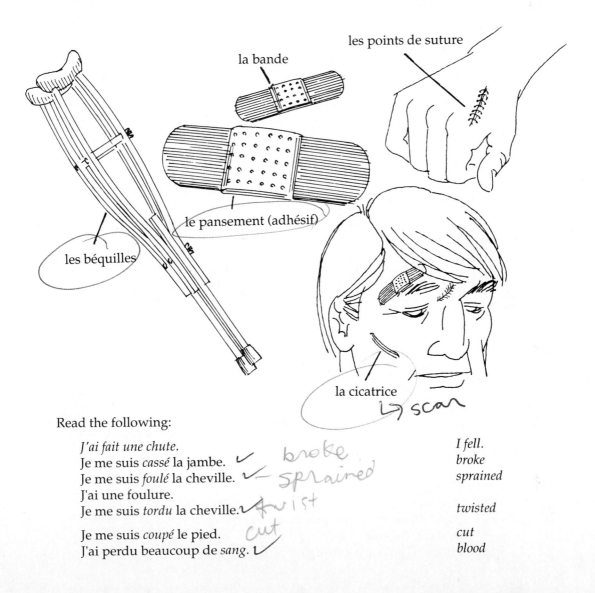

la bande

les points de suture

le pansement (adhésif)

les béquilles

la cicatrice ⟶ scar

Read the following:

J'ai fait une chute. — I fell.
Je me suis cassé *la jambe.* ✓ broke — broke
Je me suis foulé *la cheville.* ✓ sprained — sprained
J'ai une foulure.
Je me suis tordu *la cheville.* twist — twisted

Je me suis coupé *le pied.* cut — cut
J'ai perdu beaucoup de sang. ✓ — blood

Je me suis *blessé* au genou. ✓   *hurt, injured*
Je suis allé(e) chez le chirurgien-orthopédiste.
Il a fait une radiographie de l'*os*.   *bone*
J'ai une *fracture compliquée*.   *compound fracture*
Le chirurgien-orthopédiste *a réparé l'os*.   *set the bone*
Et ensuite il m'a mis la jambe dans un *plâtre* ✓   *cast*

NOTE   A list of the parts of the body appears on page 142.

Exercice 1   Answer the following questions personally, as if you had had an accident.

1. Vous avez fait une chute?
2. Où ça?
3. Vous vous êtes cassé la jambe?
4. Vous êtes allé(e) voir qui?
5. Vous avez eu une fracture compliquée?
6. Le chirurgien-orthopédiste vous a fait une radiographie de la jambe?
7. Qui a réduit la fracture?
8. Il a mis la jambe dans le plâtre?
9. Vous avez dû marcher avec des béquilles?
10. Pour combien de temps?

Exercice 2   Complete the following statements.

1. Je me suis coupé _____.
2. Je n'ai pas perdu beaucoup de _____.
3. Le chirurgien-esthétique m'a fait six _____.
4. Et ensuite il a mis _____ sur la blessure.
5. Il m'a assuré que je n'aurai pas de _____ quand il m'enlèvera les points de suture.

Communication

Un accident

CAROLE   J'ai eu un accident.
PAUL   Quand ça?
CAROLE   Il y a quinze jours.
PAUL   C'était sérieux?
CAROLE   Pas tellement. J'ai fait une chute et je me suis
          foulé la cheville.
PAUL   Tu es allée chez le chirurgien-orthopédiste?

CAROLE   Ah, oui. J'ai eu très mal à la cheville.
PAUL   Il t'a mis la jambe dans un plâtre?
CAROLE   *(En riant)* Dans un plâtre? J'ai dit que je me
         suis foulé la cheville, non pas la cassé!
PAUL   Alors, qu'est-ce que le médecin a pu faire?
CAROLE   Pas grand-chose. Il m'a conseillé de la faire
         baigner six fois par jour dans de l'eau très
         froide et de mettre un bandage athlétique
         (de tissu élastique). Pendant une semaine
         j'ai dû marcher avec des béquilles.

Exercice 3   Answer the questions based on the preceding conversation.

1. Carole a eu un accident?
2. Qu'est-ce qu'elle a fait?
3. C'était sérieux son accident?
4. Elle est allée voir qui?
5. Et qu'est-ce qu'il a fait?
6. Pourquoi ne l'a-t-il pas mise dans un plâtre?
7. Qu'est-ce qu'il a conseillé à Carole de faire?
8. Elle a dû marcher avec des béquilles pour combien de temps?

SITUATIONS

Activité 1

During a recent trip to France you went hiking near Mont Blanc in the French Alps. Unfortunately you stumbled **(trébucher),** twisted your ankle, and sprained it. Since you didn't break it, the doctor was not able to set it or put it in a cast. He just bandaged it and you hobbled around on crutches for a couple of days. In your own words, explain this whole episode to a French friend.

Activité 2

You were windsurfing on the French Riviera **(faire la planche à voile sur la Côte d'Azur).** Explain to a French friend what happened.
1. You fell from the board and cut your cheek.
2. You went to the doctor.
3. The doctor told you you needed stitches.
4. He gave you six stitches.
5. He said that you would not have a scar.
6. He removed the stitches after one week.
7. He gave you a tetanus shot **(tétanos).**

Parts of the Body (Les parties du corps)

ankle	la cheville	*jaw*	la mâchoire
arm	le bras	*joint*	la jointure, l'articulation (f.)
back	le dos	*kidney*	le rein
bladder	la vessie	*knee*	le genou
body	le corps	*kneecap*	la rotule
bone	l'os (m.)	*leg*	la jambe
bowels	les intestins (m.)	*lip*	la lèvre
brain	le cerveau	*liver*	le foie
breast	le sein	*lung*	le poumon
cheek	la joue	*mouth*	la bouche
chest	la poitrine	*muscle*	le muscle
chin	le menton	*nail*	l'ongle (m.)
collarbone	la clavicule	*neck*	le cou
ear	l'oreille (f.)	*nerve*	le nerf
elbow	le coude	*nose*	le nez
eye	l'œil (m.) (pl. les yeux)	*rib*	la côte
eyelid	la paupière	*shoulder*	l'épaule (f.)
face	la figure	*skin*	la peau
finger	le doigt	*stomach*	l'estomac (m.), le ventre
foot	le pied	*temple*	la tempe
forehead	le front	*thigh*	la cuisse
gallbladder	la vésicule biliaire	*throat*	la gorge
gum	la gencive	*thumb*	le pouce
hand	la main	*toe*	l'orteil (m.)
head	la tête	*tongue*	la langue
heart	le cœur	*tonsils*	les amygdales (f.)
heel	le talon	*tooth*	la dent
hip	la hanche	*vein*	la veine

Chapitre 21
L'hôpital

Vocabulaire

le bureau d'admission

le formulaire

le nom de l'assuré

Exercice 1   Answer the questions based on the illustration.

1. C'est le bureau d'admission ou le formulaire d'admission?
2. C'est le formulaire ou la police d'assurance *(insurance policy)*?
3. C'est le nom de l'assuré ou le nom de la société (compagnie) d'assurances?
4. Le malade remplit le formulaire ou la police d'assurance?

Exercice 2   Give the following information asked of you when entering a hospital.

1. votre nom
2. votre adresse
3. votre âge
4. le nom de votre médecin
5. le nom de votre compagnie d'assurances
6. le numéro de votre police d'assurance

la salle des urgences

l'ambulance

SALLES DES URGENCES

le blessé

le brancard

le fauteuil roulant

les prompts-secours

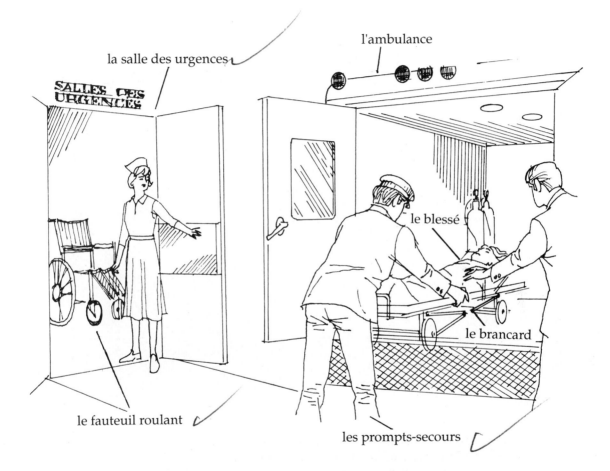

Exercice 3   Answer the questions based on the illustration.

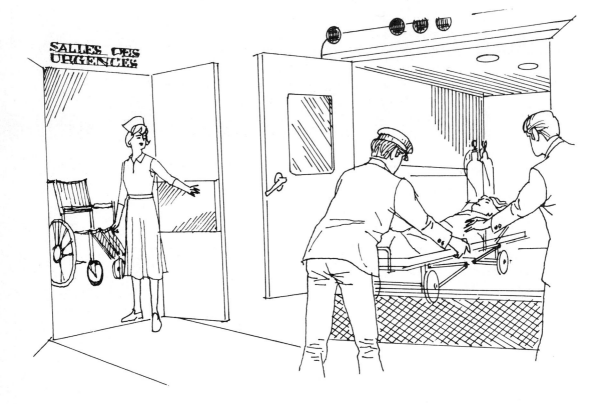

1. Paul souffre d'une maladie ou il est blessé?
2. Il arrive où?
3. Il y arrive en ambulance?
4. On l'emmène dans la salle des urgences?
5. Il est allongé sur un brancard ou assis dans un fauteuil roulant?

Communication

Les urgences

STANDARDISTE	Bonjour. Le C.H.R. (Centre Hospitalier Régional).
MADAME	Passez-moi les urgences, s'il vous plaît.
STANDARDISTE	Oui, Madame. Ne quittez pas.
MADAME	Allô, les urgences?
INFIRMIER	Oui, Madame.
MADAME	Mon mari est très malade. Il s'est évanoui. Je crois qu'il a eu une crise cardiaque.
INFIRMIER	Madame, téléphonez vite à un service d'ambulance privé ou appelez les prompts-secours.
MADAME	Les prompts-secours?
INFIRMIER	Oui, Madame. Composez (Faites) le 18.

Exercice 4 Complete the statements based on the preceding conversation.

1. L'hôpital s'appelle _____.
2. La femme a parlé au _____.
3. Elle veut _____.
4. Son mari est _____.
5. Il a eu _____.
6. L'hôpital n'envoit pas d'_____.
7. La femme doit appeler _____.
8. Le numéro pour les prompts-secours est le _____.

SITUATIONS

Activité 1

You are working for the summer at a hospital in the United States. A French Canadian tourist is being admitted after an accident. His wife is very nervous and does not have a good command of English. Assist her by speaking French with her.

1. Ask her what her husband's name is.
2. Ask her for her address.
3. Ask her if she has insurance.
4. Find out the name of the company.
5. Ask her if she has her policy number.

Chapitre 22

La pharmacie

Vocabulaire

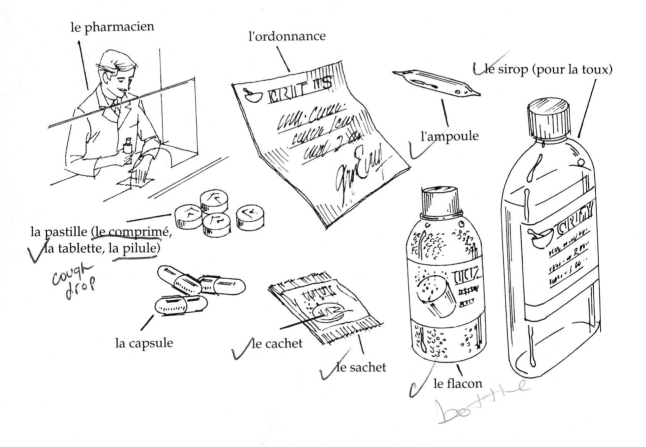

le pharmacien

l'ordonnance

le sirop (pour la toux)

l'ampoule

la pastille (le comprimé, la tablette, la pilule)

cough drop

la capsule

le cachet

le sachet

le flacon

bottle

NOTE **Le sachet** is the packaging; **le cachet** is the medicine.

Exercice 1 Answer the questions based on the illustration.

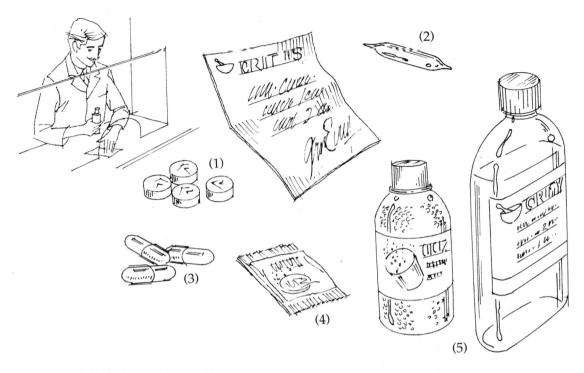

1. Ce sont des pastilles ou des capsules?
2. C'est une ampoule ou un flacon?
3. Ce sont des capsules ou des comprimés?
4. C'est du sirop ou un cachet?
5. C'est un flacon ou un paquet?

Exercice 2 Choose the correct completion.

1. Le médecin prescrit des médicaments par _____.
   a. antibiotiques   b. ordonnance   c. pharmacien
2. C'est _____ qui fait les ordonnances.
   a. le médecin   b. l'agent de police   c. le pharmacien
3. Je vais acheter _____ de sirop pour la toux.
   a. un paquet   b. un flacon   c. un cachet
4. J'ai mal à la gorge. Je vais acheter _____.
   a. des pastilles   b. des sachets   c. une ordonnance

5. Un petit flacon fermé et rempli d'un liquide est _____.
   a. un sachet   b. un comprimé   c. une ampoule
6. Un petit paquet qui contient, par exemple, un médicament en poudre est _____.
   a. un flacon   b. un sachet   c. une pilule
7. Un comprimé est _____.
   a. une tablette   b. une capsule   c. un sirop
8. Beaucoup de médicaments sont enveloppés dans _____ soluble.
   a. un comprimé   b. une ampoule   c. une capsule

Communication

Chez le pharmacien

PHARMACIEN   Oui, Madame.
CLIENTE   Je voudrais les médicaments qui sont prescrits sur
ces deux ordonnances, s'il vous plaît.
PHARMACIEN   Oui, Madame. Je peux vous les donner tout de suite.
CLIENTE   Ah, bien. Il ne faut pas que je revienne?
PHARMACIEN   Non, Madame. Cinq minutes et vous aurez vos
médicaments.
(Cinq minutes plus tard)
Voilà, Madame. De ça *(en indiquant les comprimés)*
vous allez prendre trois comprimés par jour, avec
les repas. Et de ça, une ampoule matin et soir. Et je
vous conseille de ne pas boire d'alcool ni de caféine.

Exercice 3   Answer the questions based on the preceding conversation.

1. La femme est où?
2. Elle parle à qui?
3. Qu'est-ce qu'elle a?
4. Qu'est-ce qu'elle veut faire avec?
5. Le pharmacien peut lui donner les médicaments tout de suite?
6. La femme doit prendre combien de comprimés par jour?
7. Et combien d'ampoules?
8. Quand doit-elle les prendre?

Vocabulaire

En France beaucoup de pharmacies ne vendent que des médicaments. Mais de nos jours il en existe d'autres qui vendent toutes sortes de produits personnels. Ici sont quelques produits dont vous aurez peut-être besoin chez le pharmacien.

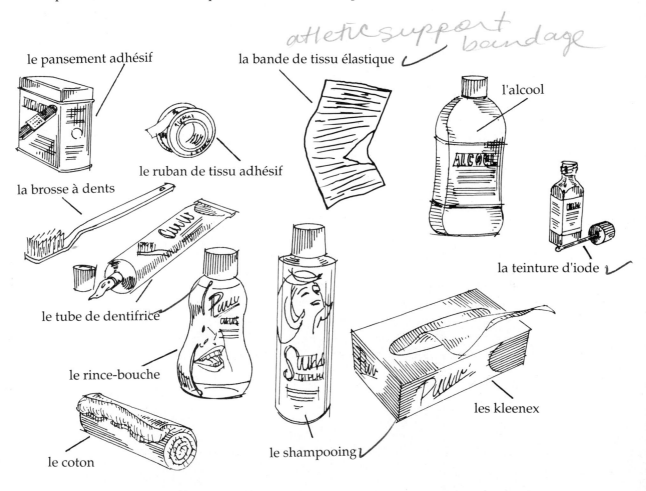

le pansement adhésif

la bande de tissu élastique *athletic support bandage*

l'alcool

le ruban de tissu adhésif

la brosse à dents

la teinture d'iode

le tube de dentifrice

le rince-bouche

les kleenex

le coton

le shampooing

Exercice 4 Do the following.

1. Name three items you can use to clean a wound.
2. Name three items you can use to cover a wound.
3. Name three items you need to practice good oral hygiene.

SITUATIONS

Activité 1

You are in a pharmacy in Lyon. You have a cold and a sore throat.
1. Tell the pharmacist what you have.
2. Tell him you want some lozenges and cough medicine.
3. Since in France it is not necessary to have a prescription for many medicines that require a prescription in the United States, ask the pharmacist if he can recommend an antibiotic for you.
4. He wants to know if you prefer liquid, tablet, or capsule. Tell him.

Activité 2

You are going on a camping trip in the Pyrénées. You want to put together a kit of personal products as well as some first-aid items before hitting the trails. Go to the pharmacy and tell the pharmacist what you need.

Chapitre 23

Les activités culturelles

Vocabulaire

Le cinéma

Read the following:

les genres de film

le court-métrage, le documentaire
le dessin animé de Walt Disney
le film policier
le film d'épouvante (d'horreur)
le film d'espionnage

le film d'amour
le film d'aventures
le film de science-fiction
   (extraterrestre)
le film pour adultes (érotique, porno)

les heures de séance

A chaque séance on voit un court-métrage, un dessin animé,
la publicité, les *actualités* et le grand film (le long-métrage).   *news*

Exercice 1   Say the following in French.

1. a cowboy movie
2. a newsreel
3. a porno movie
4. a horror movie
5. a spy movie
6. a documentary
7. a detective movie
8. a cartoon

Exercice 2   Answer the following questions.

1. Quels genres de films préférez-vous?
2. Vous allez souvent au cinéma?
3. Vous êtes amateur de cinéma (cinéphile)?
4. Quel est un cinéma près de chez vous?
5. Est-ce que le cinéma est permanent ou a-t-il seulement une ou deux séances par jour?
6. Les heures des séances sont affichées à l'entrée du cinéma?

Le théâtre

les acteurs, les actrices
(les interprètes, les vedettes)

le décor

les costumes

l'éclairage

la scène

le public (les spectateurs)

Read the following:

quelques genres de spectacles

la comédie   la pièce avant-garde
la comédie dramatique   la revue (comédie) musicale
la tragédie   le one-man show
l'opéra   le strip-tease
l'opérette

Le public aime la pièce.
La représentation plaît aux spectateurs.
Les spectateurs applaudissent les interprètes (les acteurs).

Le rideau se lève.
Les acteurs et les actrices *entrent en scène*.   *go on stage*

Le rideau tombe.
Il y a deux *rappels*.   *curtain calls*

Le spectacle (La pièce) a trois actes.
Chaque acte a deux scènes.
Après chaque acte il y a un *entracte*.   *intermission*

Exercice 3   Answer personally.

1. Quels genres de spectacles vous plaisent?
2. Vous êtes amateur de théâtre?
3. Vous allez souvent au théâtre?
4. Quel est votre acteur favori?
5. Quelle est votre actrice favorite?
6. Le monde du spectacle vous intéresse beaucoup?

Exercice 4   Match each word in the first column with the appropriate description in the second column.

1. _____ une tragédie   a. drôle
2. _____ un one-man show   b. triste
3. _____ une pièce avant-garde   c. beaucoup de costumes et de
4. _____ une comédie   musique
5. _____ un opéra   d. une seule vedette
6. _____ une comédie dramatique   e. sérieuse
7. _____ une comédie musicale   f. très moderne
                                         g. composition dramatique sans
                                            dialogue parlé

Exercice 5   Complete the following statements.

1. Le rideau _____ à huit heures et demie (vingt heures trente) dans la plupart des théâtres parisiens.
2. Après le lever du rideau les acteurs et les actrices _____ en scène.
3. C'est alors que le public _____, surtout quand la grande vedette _____ en scène.
4. Dans beaucoup des comédies de Molière, les acteurs et les actrices portent des _____ fabuleux.
5. Dans beaucoup de pièces avant-garde, les _____ ne sont pas du tout compliqués.
6. Le _____ joue un rôle plus important dans une comédie musicale que dans une pièce avant-garde. Dans beaucoup de pièces avant-garde le _____ est très simple et dans des autres il n'y a pas de _____.
7. Beaucoup de pièces théâtrales ont trois _____ et chaque _____ est divisé en deux ou trois _____.
8. Durant _____ les spectateurs peuvent sortir de la salle et aller au foyer pour prendre une consommation.
9. La pièce se termine quand le rideau _____.
10. Si la pièce a beaucoup plu au public, il y aura sans doûte quelques _____.

Communication

Une soirée au théâtre

DAVID	Tu es allé au théâtre hier soir?
ROBERT	Oui.
DAVID	Qu'est-ce que tu as vu?
ROBERT	On a monté une *reprise* de la pièce de Beckett, «En Attendant Godot.»
DAVID	Cela t'a plu?
ROBERT	Beaucoup. Les acteurs étaient fabuleux.
DAVID	Comment était le décor?
ROBERT	Le décor? Il n'y avait pas de décor.
DAVID	Et les costumes?
ROBERT	Très simples. Pas du tout compliqués.
DAVID	Pas de décor et des costumes simples. Et la pièce t'a plu?
ROBERT	Il me semble que tu ne sais rien du théâtre de l'absurde. «En Attendant Godot» ce n'est pas une comédie musicale.

revival

Exercice 6   Answer the questions based on the preceding conversation.

1. Robert est allé où?
2. Il y est allé quand?
3. Qu'est-ce qu'il a vu?
4. C'était une première?
5. Qui est l'auteur de la pièce?
6. La pièce a plu à Robert?
7. Décrivez le décor et les costumes.
8. Quel genre de pièce est «En Attendant Godot»?

SITUATIONS

Activité 1

It's a beautiful spring night in Paris. You are seated at the Café Flore in the Latin Quarter and you are having a somewhat intellectual conversation over a **kir.**

1. Your friend wants to know if you are a theater buff. Respond.
2. Your friend wants to know who your favorite actor is. Tell her.
3. Your friend asks you who your favorite actress is. Respond.
4. Your friend wants to know what type of theater you prefer. Tell her.
5. Your friend wants to know if theater tickets are expensive in the United States. Tell her how much they cost.
6. Your friend wants to know at what time shows begin in the United States. Tell her that they usually begin at 7:30 or 8:00 P.M.
7. Your friend wants to know if you would like to see a French play. Respond.

COUP D'ŒIL SUR LA VIE

Activité 1

Look at this advertisement that appeared recently in *Pariscope*.

THEATRE 71
MALAKOFF
Métro Malakoff
Plateau de Vanves
46 55 43 45
En Attendant Godot
de Samuel BECKETT • Mise en scène Claude YERSIN
PRODUCTION NOUVEAU THEATRE D'ANGERS
THEATRE

Give the name of the play in the advertisement and tell anything you can about it.

Activité 2

Look at the following advertisement that also appeared in *Pariscope*.

Give the following information based on the advertisement you just read.

1. What is the name of the show?
2. What type of show is it?
3. What language is it being presented in?
4. What is the name of the theater?

Chapitre 24

Le sport

Vocabulaire

La natation

la planche

le crawl

la nage sur le côté

la brasse papillon

la nage sur le dos

la brasse sur le ventre

Le plongeon

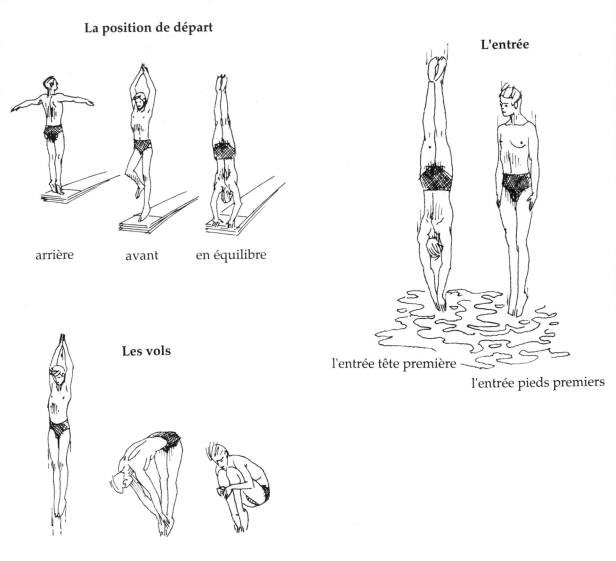

La position de départ

arrière   avant   en équilibre

L'entrée

l'entrée tête première

l'entrée pieds premiers

Les vols

position droite   position carpée   position groupée

Les sports nautiques

la planche à voile

la plongée sous-marine

le ski nautique

Exercice 1 Give the French equivalent for each of the following.

1. butterfly stroke
2. breaststroke
3. backstroke
4. crawl or freestyle
5. sidestroke

Exercice 2 Give the French equivalent for your diving preference.

1. the position of your body as you leave the diving board
2. the position of your body as you are in the air
3. the position of your body as you enter the water

Exercice 3   Answer personally.

1. Vous aimez nager?
2. Vous pratiquez souvent la natation?
3. Vous préférez nager dans une piscine ou dans la mer?
4. Vous préférez les piscines couvertes ou les piscines en plein air?
5. Quelle est votre nage favorite?
6. Vous faites du ski nautique?
7. Vous faites de la planche à voile?
8. Vous faites de la plongée sous-marine?

Le ski

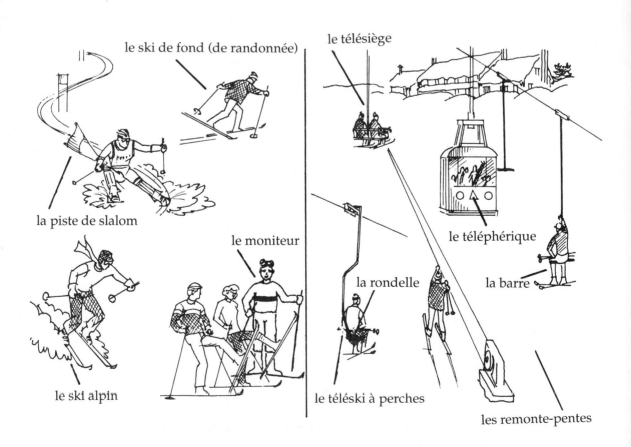

Exercice 4   Identify each type of ski lift.

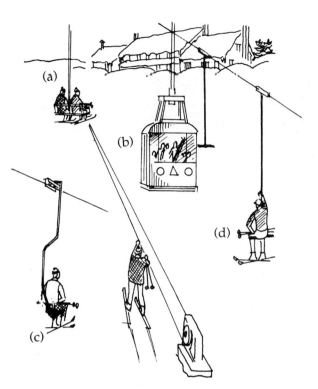

Exercice 5   Answer personally.

1. Vous aimez faire du ski?
2. Vous faites du ski souvent?
3. Quelle est votre station de ski favorite?
4. Vous préférez quel type de remonte-pente?
5. Vous préférez le ski alpin ou le ski de fond?

Exercice 6   Give the words or expressions being defined.

1. le ski qu'on pratique sur des pentes accentuées
2. le ski qu'on pratique pour faire un parcours mais sans descendre des pistes accentuées
3. la personne qui enseigne le ski
4. descente à skis sur un parcours ou piste qui a beaucoup de virages

La partie de tennis

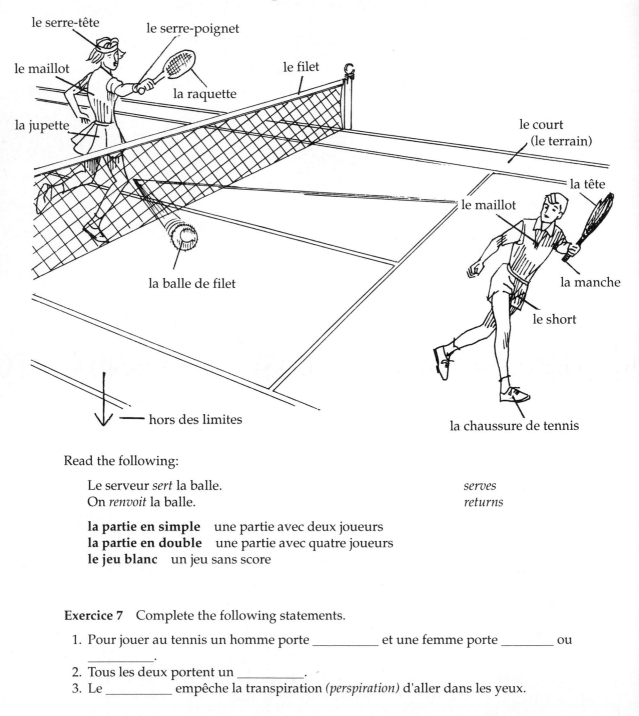

le serre-tête
le serre-poignet
le maillot
la raquette
la jupette
le filet
le court (le terrain)
la tête
le maillot
la manche
le short
la balle de filet
la chaussure de tennis
hors des limites

Read the following:

Le serveur *sert* la balle.   *serves*
On *renvoit* la balle.   *returns*

la partie en simple   une partie avec deux joueurs
la partie en double   une partie avec quatre joueurs
le jeu blanc   un jeu sans score

Exercice 7   Complete the following statements.

1. Pour jouer au tennis un homme porte _____ et une femme porte _____ ou _____.

2. Tous les deux portent un _____.

3. Le _____ empêche la transpiration (*perspiration*) d'aller dans les yeux.

4. Le _____ sert la balle et son adversaire la lui _____.
5. Il y a deux joueurs dans une partie _____ et il y en a quatre dans une partie

   _____.
6. On prend la raquette par la _____ et on frappe la balle avec _____.
7. Un _____ veut dire qu'il n'y a pas de score.
8. La balle n'est pas dans les limites du terrain; elle est _____.
9. La balle n'est pas passée par dessus le filet. Elle l'a touché. C'était une _____.

Exercice 8   Answer personally.

1. Vous êtes très fana de tennis?
2. Il y a des courts de tennis près de chez vous?
3. Vous jouez souvent au tennis?
4. Vous avez une raquette?
5. Vous préférez jouer en simple ou en double?
6. Quand vous jouez au tennis, vous mettez un serre-tête et un serre-poignet?

Le football

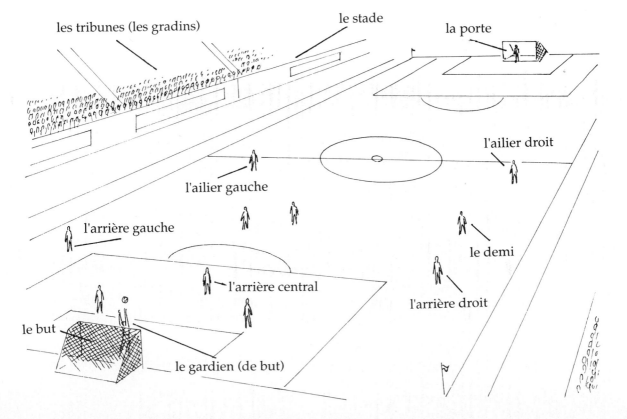

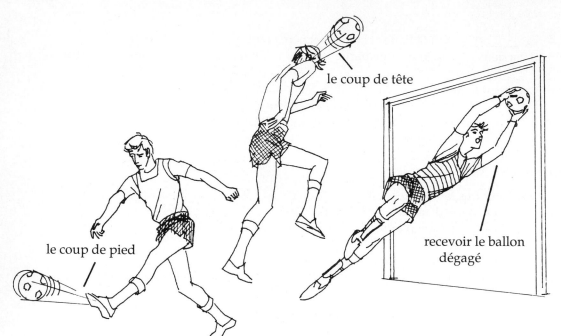

le coup de tête

recevoir le ballon
dégagé

le coup de pied

Read the following:

L'équipe de Nantes oppose Lille.
Un joueur lance le ballon.
Il donne un coup de pied dans le ballon.
Il donne un coup de tête dans le ballon.
Lacoste reprend le ballon.
Il donne le ballon à Martin.
Il fait une passe.
Le demi reçoit le ballon dégagé.
Son gardien de but le lui a dégagé (renvoyé).

L'arbitre siffle.
Il déclare un penalty.

Le gardien n'arrête pas le ballon.
Le ballon entre dans le but.
Nantes marque un but (un point).
Le score est de un à zero.
Lille fait le forcing pour égaliser.

Exercice 9   Identify the position being described.

1. le joueur qui est placé aux extrémités de la ligne d'attaque
2. le joueur qui garde le but
3. le joueur qui est placé entre la défense et l'attaque
4. le joueur qui est placé près du but et qui aide à le defendre

Exercice 10   Answer the following questions.

1. Quelle équipe oppose Lille?
2. Lacoste joue pour Lille?
3. Lacoste donne un coup de tête au ballon?
4. Martin reçoit le ballon?
5. Le gardien de but l'a dégagé?
6. Martin marque un but?
7. Quel est le score?
8. C'est en faveur de Lille?
9. Qui fait le forcing pour égaliser le score?
10. Qui siffle?
11. Qu'est-ce qu'il déclare?
12. Les tribunes sont pleines de spectateurs?
13. Le stade est archicomble *(packed)*?

Exercice 11   Say the following another way.

1. Il *a renvoyé* le ballon.
2. Il *a passé le ballon.*
3. Il a marqué *un point.*
4. Il *a bloqué* le ballon.
5. Il a repris *le ballon.*
6. Il *a mis le score à égalité.*

SITUATIONS

Activité 1

You are in Nice on the French Riviera. You are speaking with a French friend.

1. He wants to know if you like to swim. Respond.
2. He asks you if you swim often. Tell him.
3. He wants to know if you prefer the ocean or indoor or outdoor pools. Tell him which you prefer and where you have the opportunity **(l'occasion)** to swim more often.
4. He wants to know if you have a favorite stroke. Tell him.
5. He asks you about diving. Tell him whether or not you are a good diver.
6. He wants to know what other water sports you like. Tell him.

Activité 2

You just returned from France where you saw a football game. Give a report to your French class about the game.

Chapitre 25

Le logement

Vocabulaire

la maison en bois

la maison en brique

le grenier

le garage

la maison en pierre

le sous-sol (la cave)

le chauffage (individuel)

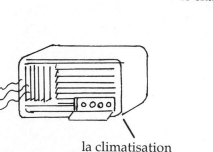

la climatisation

l'eau courante

Read the following:

le dégagement   le vestibule ou large couloir
le rangement   le placard
l'appartement tout confort   un appartement qui a l'eau courante
   et le chauffage central

Exercice 1   Answer the following questions.

1. Aux Etats-Unis, il y a beaucoup de maisons en bois?
2. La plupart des maisons américaines ont l'eau courante?
3. La plupart des maisons ont le chauffage central?
4. La plupart des maisons sont climatisées?
5. Est-ce qu'un appartement tout confort est un appartement de grand standing?
6. Qu'est-ce que cela veut dire un appartement tout confort?

Exercice 2   Answer the questions based on the illustration.

1. C'est une maison en bois ou en brique?
2. La maison a un sous-sol?
3. Elle a un grenier?
4. Il y a des rangements dans le
   sous-sol de la maison?
5. Il y a un garage pour la voiture?

Exercice 3 Complete the following statements.

1. On peut mettre (garer, stationner) la voiture dans le _____.
2. On peut entreposer *(store)* des choses dans le _____ ou dans le _____.
3. Les maisons des pays tropicaux n'ont pas de _____ mais elles sont _____ car il y fait très chaud.
4. Aux Etats-Unis il y a beaucoup de maisons en bois. En France il y en a très peu. La plupart des maisons en France sont ni en bois, ni en brique, mais en _____.
5. Beaucoup de maisons luxueuses ont _____ pour les mois d'hiver et pour les mois d'été elles sont _____.

Read the following:

le propriétaire C'est la personne qui possède sa maison ou son appartement. Elle l'achète souvent à crédit et paie son hypothèque *(mortgage)* par échéances mensuelles *(monthly payments)* pendant une période de dix à vingt ans.

le locataire C'est la personne qui n'achète pas sa maison ou son appartement. Elle loue (prend en location) l'appartement et paie un loyer *(rent)*—d'habitude tous les trois mois ou c'est-à-dire trimestriellement *(quarterly)*.

Exercice 4 Answer the following questions.

1. Qui achète son appartement? Le locataire ou le propriétaire?
2. Qui paie l'hypothèque? Le locataire ou le propriétaire?
3. Qui paie son appartement par échéances mensuelles pendant quinze ans? Le locataire ou le propriétaire?
4. Qui paie le loyer tous les trois mois? Le locataire ou le propriétaire?

Les maisons en France

En France, comme aux Etats-Unis, il existe bien sûr des catégories de logements. Il y a, par exemple, des pavillons qui sont des maisons particulières (privées) de petite ou de moyenne dimension. Les pavillons se trouvent surtout dans la banlieue.

Les villas et les bungalows servent souvent de résidence secondaire pour de petits séjours et se trouvent à la campagne ou à la mer. Remarquez bien qu'en français une villa n'est pas nécessairement une maison luxueuse. C'est souvent un agréable cottage accueillant.

Les mots «chalet» et «château» ne vous poseront aucun problème car ils veulent dire la même chose en anglais et en français. Une grande maison luxueuse en France c'est un manoir si elle se trouve à la campagne et c'est un hôtel particulier si elle se trouve en ville.

Il existe également plusieurs catégories d'appartements. Il y a des appartements de grand standing qui sont très élégants et qui se trouvent surtout dans les quartiers chics des grandes villes. Mais il y a aussi des H.L.M. (Habitations à Loyer Modéré) qui sont des appartements modestes pour les familles de ressources limitées.

Exercice 5   Describe each of the following in your own words.

1. un pavillon
2. un bungalow
3. un manoir
4. un appartement de grand standing
5. un hôtel particulier
6. une H.L.M.

Exercice 6   Correct the following false statements.

1. Les gens de ressources limitées habitent les appartements de grand standing.
2. Les gens riches (aisés) qui préfèrent habiter en ville ont des manoirs.
3. Les pavillons sont des maisons qui servent souvent de résidence secondaire au bord de la mer ou à la montagne.
4. Un château est une maison bien modeste.

SITUATIONS

Activité 1

You are spending a week in Villefranche in southern France. You meet some French people from the Paris area who are also vacationing in Villefranche. You are having a conversation with them.

1. You want to know if they live in the city of Paris or in the suburbs. Ask them.
2. They tell you they live in Paris. Ask them if they have a house or an apartment.
3. They tell you they have an apartment. Ask them if they rent or own it.
4. They tell you that they own it. They want to know if you own your home. Tell them.
5. They ask you if people in the United States prefer to live in the cities or suburbs. Give them your opinion.
6. They want to know if most Americans prefer to own their own home or to rent. Tell them what you think.
7. They ask you to describe a typical American home. Do your best.

COUP D'ŒIL SUR LA VIE

Activité 1

Read the following announcement.

ANNONCE IMMOBLIERE

A Ozoir, Breguet vous propose six modèles de maisons individuelles de grande classe, de 4 à 7 pièces, de 111 à 265 mètres carrés, entourées de grands jardins. Des maisons séduisantes et intelligemment conçues qui répondent aux normes de qualité Breguet.

Un site privilégié et situé en bordure de forêt.

Renseignements ou visite des maisons-modèles lundi, jeudi et vendredi de 10 heures à 13 heures et de 14 heures à 19 heures; samedi, dimanche et jours fériés de 10 heures à 19 heures.

Give the following information in French based on the advertisement you just read.

1. the location of the houses
2. the name of the developer
3. the number of rooms in the smallest house
4. the number of rooms in the largest house
5. the size of the houses

Chapitre 26
L'enseignement

Vocabulaire

Des écoles

l'école maternelle (le jardin d'enfants)
l'école primaire
le collège

le lycée
l'université
la grande école

Les grandes écoles sont des écoles spécialisées comme, par exemple, L'Ecole Nationale d'Administration, l'Ecole Polytechnique, l'Institut des Sciences Politiques (Sciences Po). Ce sont les grandes écoles où l'Etat (le gouvernement) recrute ses hauts fonctionnaires.
L'enseignement public en France s'appelle souvent «l'enseignement laïque».

Exercice 1 Give the French equivalent for each of the following.

1. nursery school
2. elementary school
3. junior high or middle school
4. high school
5. college or university
6. public education

Read the following:

L'étudiant s'inscrit (s'immatricule) à l'université (au lycée).
En France presque toutes les matières sont *obligatoires*.   *required*
Quelques-unes sont *facultatives*.   *elective*
L'étudiant a son diplôme en *informatique*.   *computer science*
Il est diplômé en informatique.
Il *s'est spécialisé* en informatique.   *majored in*

la faculté   une école ou département—la Faculté de Médecine
les enseignants   l'ensemble des professeurs et des instituteurs,
   faculty en anglais
le baccalauréat (le bac)   le diplôme qu'on reçoit en France en
   terminant le lycée
la licence   le M.A. ou M.S.
le doctorat   pour recevoir le doctorat il faut *rédiger un mémoire*   *prepare a thesis*

Exercice 2   Answer personally.

1. Vous êtes étudiant(e)?
2. Vous allez à quelle université (école)?
3. Vous suivez combien de cours cette année?
4. Vous avez des matières obligatoires?
5. Ce semestre, vous suivez combien de cours obligatoires?
6. Vous avez également des matières facultatives?
7. Vous suivez combien de cours facultatifs ce semestre?
8. Vous êtes inscrit(e) à l'université à temps partiel ou à temps plein?
9. Vous vous spécialisez en quelle matière *(ou)* Vous pensez vous spécialiser en quelle matière?
10. Vous allez avoir (recevoir) votre diplôme en quelle année?
11. Vous pensez être diplômé(e) en quelle matière?
12. Vous pensez poursuivre vos études pour recevoir la licence?
13. Vous pensez recevoir le doctorat?
14. Aux Etats-Unis, faut-il rédiger une thèse avant de recevoir le doctorat?

Exercice 3   Give the following information.

1. votre nom
2. votre école
3. votre spécialisation

Exercice 4   Give the French equivalent for the following terms. Be careful.

1. School of Medicine
2. junior high
3. faculty
4. college
5. master's degree
6. thesis

le dortoir

la cantine (le réfectoire)

le casier

EMPLOI DU TEMPS
Français   10:10
Biologie   11:10
Littérature   1:10

l'emploi du temps

Read the following:

les pensionnaires (les internes)   les élèves qui prennent tous leurs repas au lycée (ou
   à l'université) et qui habitent dans l'école
les demi-pensionnaires (les externes)   les élèves qui prennent leur repas de midi à la
   cantine ou au réfectoire du lycée mais qui habitent chez eux; la plupart des écoliers
   en France sont externes
la rentrée des classes   le jour que les classes recommencent
les frais d'inscription   l'argent qu'on paie pour s'inscrire à une école ou université
l'intendance   le bureau où l'on paie les frais d'inscription; c'est l'intendant qui
   s'occupe des finances de l'école
la bourse   de l'aide financière qu'on donne aux élèves de ressources limitées
le boursier (la boursière)   l'élève qui reçoit une aide financière

Les élèves (écoliers) suivent un programme d'études.
L'élève passe un examen.
Il réussit à l'examen. (Aux Etats-Unis: A, B, C)
Il échoue à l'examen. (Aux Etats-Unis: F)

Exercice 5   Answer personally.

1. Vous êtes interne ou externe?
2. Vous habitez le dortoir (la résidence de l'université)?
3. Vous allez à une école laïque ou privée?
4. Vous prenez votre déjeuner à la cantine de l'école?
5. Les livres dont vous n'avez pas besoin pour le moment, vous les laissez dans votre casier?
6. Vous suivez un emploi du temps?
7. Vous avez combien de classes cette année?
8. Vous passez beaucoup d'examens?
9. Vous réussissez aux examens?
10. De temps en temps vous échouez à un examen?
11. Vous aimez passer les examens?
12. Vous êtes content(e) quand vous réussissez ou quand vous échouez à un examen?
13. Pour aller à votre école, il faut payer des frais d'inscription?
14. Vous avez une bourse?

Exercice 6   Complete the following statements.

1. Il habite le dortoir. Il est _____ .
2. Mais elle rentre chez elle après les classes. Elle est _____ .
3. Ses ressources financières sont limitées. Heureusement il a reçu _____ pour pouvoir poursuivre ses études.
4. _____ est presque toujours au mois de septembre.
5. Pour payer les frais d'inscription, il faut envoyer un chèque à _____ .
6. On peut prendre le repas de midi à _____ .
7. On garde les livres dans _____ .

Exercice 7   Complete the following conversation personally.

—Vous allez à quelle université?
—Je vais _____ .
—C'est une école privée ou laïque?
—_____ .
—Vous suivez combien de cours obligatoires et combien de cours facultatifs ce semestre?
—Je suis _____ .
—Quelle est votre spécialisation?
—Je me _____ .
—Vous pensez être diplômé(e) en quelle année?
—_____ .
—Vous suivez des cours à temps partiel ou à temps plein?
—_____ .
—Vous êtes interne ou externe?
—_____ .

Exercice 8   In your own words, explain in French what each of the following is.

1. la Fac
2. le bac
3. l'intendance
4. le réfectoire
5. les enseignants
6. le cours obligatoire
7. les frais d'inscription
8. la bourse
9. le collège
10. le lycée

SITUATIONS

Activité 1

You are speaking with Claude Gaudin in Grenoble.

1. He asks you if you are a student. Respond to him.
2. He wants to know if you are a boarder or a commuter. Tell him.
3. He wants to know your major. Tell him.
4. He wants to know if you have many required courses. Tell him.
5. He wants to know when you plan to graduate. Tell him.
6. He wants to know if the school you go to is a private or public institution. Tell him.
7. He wants to know if you have to pay tuition. Tell him.
8. He wants to know if you have to write a thesis to get your diploma. Tell him.

Activité 2

You are living with a French family and they are interested in knowing something about the American educational system. To the best of your ability, give them the salient information about our school system.

Chapitre 27

Le travail

Vocabulaire

Read the following:

> Josée vient de recevoir son diplôme.
> Elle est diplômée d'une école de *gestion*.   *management*
> Elle cherche du *travail* (un *poste*).   *work, job*
> L'entreprise (La société) Spantax recherche
>   (recrute) des candidats.
> Ils recherchent un directeur administratif
>   (une directrice administrative).
> Josée remplit une *demande d'emploi*.   *job application*
> Elle adresse son dossier de candidature
>   à la division recrutement.
>
> **CV (Curriculum Vitae)**
> **des références**
> **l'interview**
>
> **libre de suite**   On peut commencer à travailler tout de suite,
>   immédiatement.

Exercice 1   Answer the following questions.

1. Qu'est-ce que Josée vient de recevoir?
2. Elle est diplômée d'où?
3. Qu'est-ce qu'elle cherche?
4. Qui recherche des candidats?
5. Quel est le nom de l'entreprise?
6. Quel poste ont-ils disponible?
7. Qu'est-ce que Josée leur adresse?
8. Elle leur envoit aussi des références exigées?
9. Elle a une interview?
10. Josée est libre de suite?
11. Elle accepte le poste?

La rémunération

Read the following:

> **le fixe**   le salaire de base
> **la prime**   une rémunération supplémentaire

Le mot «salaire» change en français selon la profession.

Profession	Rémunération
les employés, les ouvriers	le salaire (la paye)
les artisans	leur bénéfice
les médecins, les avocats	l'honoraire
les fonctionnaires	le traitement
les militaires	la solde
les domestiques	les gages

Exercice 2   Complete the following statements.

1. Il est vendeur d'automobiles. Il reçoit un _____ de 8.000 francs mensuels. Ce n'est pas grand-chose ça. Mais il reçoit une _____ pour chaque voiture qu'il vend.
2. Les artisans vivent du produit de leur travail et des _____ qu'ils en tirent.
3. Le petit commerçant qui est, par exemple, le propriétaire d'une boutique vit aussi de ses _____.
4. Les fonctionnaires qui travaillent pour l'Etat reçoivent un salaire mensuel qui s'appelle _____.
5. Les employés qui travaillent dans le commerce ou dans l'industrie reçoivent _____, souvent à la fin du mois.
6. Et les médecins reçoivent des _____ pour leurs services.
7. L'avocat, comme le médecin, reçoit _____.
8. Les domestiques qui viennent faire le ménage reçoivent des _____.
9. Et les militaires (les soldats) reçoivent _____.

Read the following:

> **les heures supplémentaires**   L'ouvrier travaille normalement quarante heures par semaine. Mais cette semaine il a travaillé quarante-cinq heures—c'est-à-dire cinq heures supplémentaires.
> **le déplacement de courte durée**   un poste qui va durer un mois ou même une année, mais qui n'est pas permanent
> **le travail à temps partiel (à mi-temps)**   on travaille quelques heures par jour ou quelques jours par semaine, mais pas à temps plein

Exercice 3   Say the following in French.

1. part-time job	3. bonus	5. available immediately
2. full-time job	4. overtime	6. short-term or temporary job

SITUATIONS

Activité 1

You are interviewing for a position with a French company in the United States. They would like to interview you in French.
1. Tell the interviewer your name, your address, your date of birth, your academic background, and your major field in college.
2. Tell the interviewer that you have your curriculum vitae and a list of references.
3. The interviewer wants to know why the job they have interests you. Explain.
4. The interviewer wants to know if you are available immediately. Respond.

COUP D'ŒIL SUR LA VIE

Activité 1

Read the advertisement for a position. Then answer the questions based on the advertisement.
1. Le candidat doit avoir à peu près quel âge?
2. Quelle formation est obligatoire?
3. Quelle expérience est nécessaire?

Activité 2

Give the French equivalent for each of the following based on the advertisement you just read.
1. is searching for
2. to promote
3. a sales force
4. advertising space
5. a policy of expansion
6. to market
7. salary dependent upon experience
8. base salary
9. profit sharing

IMPORTANT GROUPE DE PRESSE ET D'EDITIONS PROFESSIONNELLES PARIS

recherche son

RESPONSABLE COMMERCIAL

PROFIL :
— 35 ans environ
— Formation supérieure commerciale
— 8 à 10 ans d'expérience dans les domaines de la Publicité et de la Commercialisation.

MISSION :
— Animer une équipe de vendeurs d'espaces publicitaires et d'ouvrages professionnels
— Suivre personnellement les clients les plus importants
— Imaginer et mettre en place une politique d'expansion du groupe
— Promouvoir et commercialiser des produits nouveaux.

REMUNERATION :
— A examiner en fonction de l'expérience et du potentiel des candidats : d'un fixe de l'ordre de 225 000 F/an + intéressements.

Adresser candidature sous référence CFR-30 à REGIE PRESSE - 7, rue de Monttessuy, 75332 Paris Cedex 07 qui transmettra.

PUBLIPHILE - CFR

Chapitre 28

Le temps

Vocabulaire

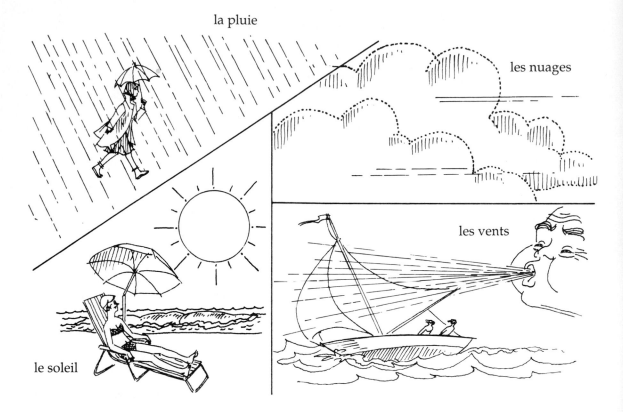

la pluie

les nuages

les vents

le soleil

Read the following:

Le temps (Il) est pluvieux.
Il pleut.
Il y a des pluies fortes (légères, fines).

Il fait du vent.
Il y aura des vents faibles (modérés, forts).

Il y a des nuages.
Le temps (Il) est nuageux.
Le ciel est couvert.

Il fait (Il y a) du soleil.
Le soleil brille.
Le ciel est clair.
Le temps est ensoleillé.

Exercice 1   Answer the following questions.

1. Les vents froids viennent surtout du sud ou du nord?
2. Les vents forts ou les vents faibles peuvent être dangereux?
3. Le ciel est couvert ou clair quand il pleut?
4. Si le temps est pluvieux, le ciel est nuageux ou clair?
5. Un ouragan (cyclone) est accompagné de pluies fortes ou légères?
6. Il y a souvent des pluies fines sur les côtes (près de la mer)?

Exercice 2   Say the following another way.

1. Le ciel est couvert.
2. Le temps est ensoleillé.
3. Il pleut.
4. Le ciel est clair.

Read the following:

l'averse   une pluie abondante qui arrive vite (subitement, brusquement)
l'orage   une perturbation violente accompagnée de pluies, d'éclairs et du tonnerre
il pleut à verse   il pleut beaucoup
le brouillard   des goûttelettes (little drops, droplets) d'eau dans l'air qui forment des
    nuages et limitent la visibilité
le crachin   une petite pluie fine et pénétrante
la grêle   une précipitation glâcée
    En hiver il y a des averses de grêle. Mais en France il y a des averses de grêle aussi au
    printemps.
il gèle   la température descend en bas du zéro
la météo   les prévisions météorologiques, on prédit le temps qu'il fera

Exercice 3   Give the French equivalent for each of the following.

1. a storm
2. thunder
3. a shower
4. lightning
5. hail, sleet
6. fog
7. drizzle
8. weather forecast

Exercice 4 Answer the following questions.

1. Vous aimez écouter la météo à la télé?
2. La météo est à quelle heure?
3. Quel temps fait-il maintenant?
4. Quelles sont les prévisions de la météo?

Exercice 5 Complete the following statements.

1. Au bord de la mer, il y a souvent de petites pluies _____.
2. Pendant une averse il y a des pluies _____ mais rapides.
3. Il y a une différence entre une _____ et un orage. _____ est violent et on peut presque toujours le prévoir. Mais _____ arrive subitement et ne dure pas longtemps.
4. Il fait très froid aujourd'hui. Il _____. Il fait moins dix.
5. Il pleut beaucoup. Il pleut _____.
6. Pendant un orage il y a souvent des _____ et du _____.
7. Les _____ peuvent être dangereux car ils peuvent causer des incendies.
8. Il y a une différence entre le crachin et le _____. Le _____ c'est comme un nuage qui descend à terre et qui limite la visibilité. _____ c'est une pluie fine mais pénétrante.
9. En été il n'y a pas de _____, mais en hiver si, il y en a.

SITUATIONS

Activité 1

You are speaking with a French friend about the weather where you live.
1. Explain your winters.
2. Explain your summers.
3. Explain the spring and the fall.
4. Tell her what your favorite season is from the viewpoint of weather. Explain why you like this season the most.

Appendix

Following is a listing, arranged alphabetically by topic, for all vocabulary presented in the book. This list also includes the vocabulary presented in the first book in this series.

Le téléphone (Chapitre 1)

answering machine   le répondeur automatique
area code   l'indicatif régional *(m.)*
button   le bouton
call   la communication
(to)   *call back*   rappeler, retéléphoner
(to)   *call on the telephone*   appeler par téléphone
coin return button   le bouton de remboursement
collect call   la communication en P.C.V.
cordless telephone   le poste sans cordon
credit card call   la communication par carte de crédit
dial   le cadran
(to)   *dial*   composer (faire) le numéro
dial tone   la tonalité
(to)   *hang up*   quitter, raccrocher
international   international
keypad (telephone)   le clavier
(to)   *leave a message*   laisser un message
local call   la communication locale
long-distance call   la communication interurbaine
machine   l'appareil *(m.)*
(to)   *make a telephone call*   donner un coup de téléphone (fil), faire un appel téléphonique
operator   l'opérateur *(m.)*, l'opératrice *(f.)*, le standardiste
person-to-person call   la communication avec préavis
(to)   *pick up (receiver)*   décrocher
private telephone   le téléphone privé, le poste d'abonné
public telephone   le téléphone public
receiver   le combiné, le récepteur
slot (for money)   la fente à monnaie
speaker telephone   le poste mains libres
telephone   le téléphone; *(apparatus)*   le poste
(to)   *telephone*   téléphoner
telephone book (directory)   l'annuaire *(m.)*
telephone booth   la cabine téléphonique
telephone call   l'appel téléphonique *(m.)*, le coup de fil
telephone number   le numéro de téléphone
time-and-charges call   la communication avec indication de durée et de prix

token   le jeton
toll call   la communication interurbaine
touch-tone telephone   le poste à clavier (à touches)
Who's calling?   De la part de qui?

Le bureau de poste (Chapitre 2)

address   l'adresse *(f.)*
addressee   le destinataire
aerogramme   l'aérogramme *(m.)*
(to) certify   envoyer recommandé(e)
city   la ville
(to) deliver   distribuer, délivrer
delivery   l'envoi *(m.)*
envelope   l'enveloppe *(f.)*
express letter   la lettre exprès
(to) fill out   remplir
form   la formule
(to) insure   assurer
letter   la lettre
letter carrier   le facteur, le préposé aux postes
mail   le courrier
mailbox   la boîte aux lettres
money order   le mandat
name   le nom
package   le paquet, le colis
post office   le bureau de poste, la poste
post office box   la boîte postale
postage   l'affranchissement *(m.)*
postal code   le code postal
postcard   la carte postale
(to) put stamps on   affranchir
return address   l'adresse de l'expéditeur *(f.)*
scale   la balance
(to) send   envoyer
sender   l'expéditeur *(m.)*
special delivery   l'envoi spécial *(m.)*
stamp   le timbre
stamp machine   le distributeur automatique
state   l'état *(m.)*
value   la valeur
(to) weigh   peser
window   le guichet
(to) write letters   faire sa correspondance
zip code   le code postal

La banque (Chapitre 3)

account   le compte
balance   le solde
bank   la banque
bankbook   le livret d'épargne
bill (money)   le billet, la coupure;   *(debt)*   la facture, la note
cash   l'argent liquide *(m.)*, en espèces, en liquide
(to)   *cash*   encaisser, toucher
cashier's office   la caisse
change   le change;   *(exchange)*   la monnaie *(smaller denominations)*
(to)   *change*   changer
check   le chèque
checkbook   le chéquier, le carnet de chèques
checking account   le compte-chèques, le compte-courant
coin   la pièce
deposit   le dépôt, le versement
(to)   *deposit*   verser, déposer
(to)   *endorse*   endosser
exchange bureau   le bureau de change
exchange rate   le cours du change
(to)   *make a deposit*   faire un versement, faire un dépôt
money   l'argent *(m.)*
monthly statement   le relevé mensuel
(to)   *open*   ouvrir
(to)   *pay*   payer
(to)   *save*   économiser, épargner, mettre de côté
savings account   le compte d'épargne
(to)   *sign*   signer
sum   la somme
traveler's check   le chèque de voyage
(to)   *withdraw*   retirer

Un voyage en avion (Chapitre 4)

agent   l'agent *(m. or f.)*
airline   la ligne aérienne
airline terminal   l'aérogare *(f.)*, le terminal
airplane   l'avion *(m.)*
airport   l'aéroport *(m.)*
aisle   le couloir
aisle (on the)   côté couloir
arrival   l'arrivée *(f.)*
(to)   *arrive*   arriver
arrow   la flèche
baggage claim check   le talon

belt (baggage claim area)   la bande
blanket   la couverture
(to) *board*   embarquer
boarding   l'embarquement *(m.)*
boarding pass   la carte d'embarquement (d'accès)
briefcase   la mallette
(to) *buckle*   attacher
cabin crew   le personnel de cabine
(to) *check luggage*   faire enregistrer
(to) *claim*   récupérer
counter   le comptoir
crew   l'équipage *(m.)*
customs   la douane
(to) *declare*   déclarer
delay   le retard
departure   le départ
departure gate   la porte d'embarquement
departure screen   l'écran *(m.)*
destination   la destination
domestic flight   le vol intérieur
drink   la boisson
emergency exit   la sortie de secours, l'issue de secours *(f.)*
flight   le vol
flight attendant   l'hôtesse de l'air *(f.)*, le steward
foreign   étranger
gate   la porte
headset   l'écouteur *(m.)*
identification tag   l'étiquette *(f.)*
immigration   l'immigration *(f.)*
international flight   le vol international
landing   l'atterrissage *(m.)*
(to) *leave*   partir
life vest (jacket)   le gilet de sauvetage
luggage   les bagages *(m.)*
meal   le repas
(no) smoking   (non) fumeurs
on board   à bord
originating (coming from)   en provenance de
oxygen mask   le masque à oxygène
passenger   le passager, la passagère
passport   le passeport
pillow   l'oreiller *(m.)*
porter   le porteur
price   le tarif

    prohibited   défendu, interdit
    row   le rang
    seat   la place, le siège
    seat belt   la ceinture de sécurité
    security control   le contrôle de sécurité
(to)   *smoke*   fumer
    suitcase   la valise
    takeoff   le décollage
    terminal   l'aérogare *(f.)*, le terminal
    ticket   le billet
    toilet   la toilette
    trip   le voyage
    visa   le visa
    window (by the)   côté fenêtre
    wing   l'aile *(f.)*

Le train (Chapitre 5)

    All aboard!   En voiture!
    aisle   le couloir
    arrival   l'arrivée *(f.)*
    bed, berth   le lit
(to)   *board*   monter
    bottom berth   le lit du bas
    buffet car   le gril-express
    car   la voiture, le wagon
(to)   *change trains*   prendre la correspondance, changer
(to)   *check*   vérifier; *(leave temporarily)* déposer; *(check through)* faire enregistrer
    checkroom   la consigne
(to)   *claim*   retirer
    coin locker   la consigne automatique
(to)   *collect*   vérifier, ramasser
    compartment   le compartiment
    conductor   le contrôleur
    couchette   la voiture-couchette, la couchette
    delay   le retard
    departure   le départ
    dining car   le wagon-restaurant
    engineer   le conducteur
    first class   première classe
    in advance   à l'avance
    late   en retard
(to)   *leave*   partir, laisser, déposer
    locomotive   la locomotive
    luggage   les bagages *(m.)*

luggage stub   le bulletin (de bagages, de consigne)
newsstand   le kiosque
on time   à l'heure
one-way   aller simple
platform   le quai
porter   le porteur
price   le prix
reclining seat   le siège réglable
(to)   *reserve*   louer, réserver
room   la chambre
round-trip   aller-retour
schedule   l'horaire *(m.)*
seat   la place, le siège
second class   deuxième classe, seconde
sleeping car   le wagon-lit
snack bar   le buffet
suitcase   la valise
ticket   le billet
ticket window   le guichet
timetable   l'horaire *(m.)*
top berth   le lit du haut
track   la voie
train   le train
train station   la gare
(to)   *travel*   voyager
travel agency   l'agence de voyages *(f.)*
tray (folding) table   la table repliable
(to)   *turn in*   remettre
(to)   *wait for*   attendre
waiting room   la salle d'attente

L'agence de location (Chapitre 6)

agent   l'agent *(m. or f.)*
brake   le frein
brake pedal   le pédale de frein
(to)   *break down (car)*   être (tomber) en panne
by the day (month, week)   à la journée (au mois, à la semaine [par semaine])
car   la voiture
car rental agency   l'agence de location *(f.)*
(to)   *change gears*   passer les vitesses, changer les vitesses (de vitesse)
contract   le contrat
credit card   la carte de crédit
(to)   *cruise*   rouler
dashboard   le tableau de bord

deposit   la caution
directional signal   le clignotant
(to) *disengage the clutch*   débrayer
door   la porte
driver's license   le permis de conduire
empty   vide
(to) *engage the clutch*   embrayer
flat tire   le pneu à plat (crevé), la crevaison
forward   en avant
full   plein
gas   l'essence *(f.)*
gas tank   le réservoir
gear   la vitesse
gear shift   le levier des vitesses
(to) *get on the road*   prendre la route
glove compartment   la boîte à gants
hand brake   le frein à main
headlights   les phares *(m.)*, les feux *(m.)*
heat   le chauffage
high beams   les feux de route *(m.)*
horn   le klaxon, l'avertisseur *(m.)*
included   compris
insurance   l'assurance *(f.)*
jack handle   la manivelle
key   la clé
kilometer   le kilomètre
lever   la manette
lights   les phares *(m.)*, les feux *(m.)*
low beams   les feux de croisement *(m.)*
lug wrench   la clé en croix
manual gear shift   le changement de vitesse manuel (classique)
map (road)   la carte routière; *(city)*   le plan de la ville
mileage   le kilométrage
model   le modèle
neutral (gear)   au point mort
on the road   sur la route
price   le tarif, le prix
(to) *rent*   louer
rental   la location
reverse (gear)   en marche arrière
seat adjustment knob   la commande du dossier
spare tire   la roue de secours
speed   la vitesse
tire   le pneu

trunk   le coffre
unlimited   illimité
windshield wiper   l'essuie-glace *(m.)*

La station-service (Chapitre 7)

air pump   la borne de gonflage
antifreeze   l'antigel *(m.)*
battery   la batterie
car   la voiture
(to)   *change the tire*   changer le pneu
(to)   *check (oil and water)*   vérifier (les niveaux)
(to)   *clean*   nettoyer
credit card   la carte de crédit
driver   le conducteur
(to)   *fill up*   faire le plein
flat tire   le pneu crevé (à plat)
gas   l'essence *(f.)*
gas island   l'îlot de ravitaillement *(m.)*
gas pump   la pompe
gas station   la station-service
gas station attendant   le pompiste
gas tank   le réservoir
grease job   le graissage
high-test (gas)   super
hood   le capot
liter   le litre
mechanic   le mécanicien
motor   le moteur
oil   l'huile *(f.)*
oil change   la vidange
(to)   *pay*   payer
pressure   la pression
(to)   *put air in the tire*   gonfler le pneu
radiator   le radiateur
regular   ordinaire
spare tire   le pneu de rechange
super   super
tire   le pneu
trunk   le coffre
unleaded   sans plomb
water   l'eau *(f.)*
windshield   le pare-brise
windshield wiper   l'essuie-glace *(m.)*

La conduite (Chapitre 8)

       accelerator   l'accélérateur *(m.)*
       built-up area   l'agglomération *(f.)*
       car   la voiture
(to)   *change lanes*   changer de couloir (de voie)
       coin   la pièce
       continuous line (no passing)   la ligne continue
       corner   le coin
(to)   *cross*   traverser
       crosswalk   le passage cloûté
       directional signal   le clignotant
(to)   *drive*   conduire
(to)   *drive with low beams*   rouler en code
       driver   le conducteur
       driver's license   le permis de conduire
       driving   la conduite
       driving course   le cours de conduite
       fine   l'amende *(f.)*
(to)   *flow*   circuler
       highway   l'autoroute *(f.)*
       horn   l'avertisseur *(m.)*, le klaxon
       lane   le couloir, la voie
       license plate   la plaque, la minéralogique
       lights   les phares *(m.)*, les feux *(m.)*
       low beams   les feux de croisement *(m.)*
(to)   *make out (ticket)*   dresser
       meter attendant   la contractuelle
       motorcycle patrol cop   le motard
(to)   *park*   stationner, se garer
       parking   le stationnement
       parking lights   les feux de position *(m.)*
       parking lot   le parc de stationnement, le parking
       parking meter   le parc-mètre
(to)   *pass*   doubler, dépasser
       pedestrian   le piéton, la piétonne
       prohibited parking   le stationnement interdit
       rearview mirror   le rétroviseur
       regulation   le règlement
       restricted parking   la zone bleue
       seat belt   la ceinture de sécurité
       sidewalk   le trottoir
(to)   *slow down*   ralentir
(to)   *speed*   rouler vite, le pied au plancher

       speed limit   la vitesse limite
(to)   *stop*   s'arrêter
       street   la rue
       ticket   la contravention
       traffic   la circulation
       traffic light   le feu (rouge, orange, vert)
(to)   *walk*   marcher à pied

Les directions en voiture (Chapitre 9)

       access road   la voie d'approche
       car   la voiture
       city   la ville
       directions   les directions *(f.)*
(to)   *drive*   conduire
       entrance (freeway)   la voie d'approche, l'entrée *(f.)*
       exit   la sortie
(to)   *follow*   suivre
(to   *have exact change*   faire l'appoint
       highway   l'autoroute *(f.)*
(to)   *intersect*   se croiser
       intersection   le croisement, le carrefour
       kilometer   le kilomètre
       lane   la voie, le couloir
(to)   *leave*   sortir
       main   principal
       outskirts   la périphérie
       road   la route
       sign   le panneau
       speed limit   la vitesse limite
       straight   tout droit
       street   la rue
       three-lane road   la route à trois voies (couloirs)
       to the left   à gauche
       to the right   à droite
       token   le jeton
       toll   le péage, le guichet de péage
       toll road   l'autoroute à péage *(f.)*
       traffic circle   le rond-point
       traffic light   le feu (rouge, orange, vert)
(to)   *turn*   tourner

Les directions à pied (Chapitre 10)

       avenue   l'avenue *(f.)*
       city   la ville

corner   le coin
directions   les directions *(f.)*
foot   le pied
intersection   le carrefour, le croisement
neighborhood   le quartier
(to) *pass*   doubler
(to) *stop*   s'arrêter
straight   tout droit
street   la rue
to the left   à gauche
to the right   à droite
traffic   la circulation
traffic light   le feu (rouge, orange, vert)
(to) *turn*   tourner
(to) *turn around*   faire demi-tour
wrong way   le mauvais sens, le sens contraire (opposé)

L'hôtel (Chapitre 11)

air conditioning   la climatisation
all-inclusive price   le prix forfaitaire
American plan (three meals)   la pension complète
(to) *arrive*   arriver
bathroom   la salle de bains
bathtub   la baignoire
bed   le lit
bidet   le bidet
bill   la note
blanket   la couverture
boardinghouse   la pension
breakfast   le petit déjeuner
burned out (light)   grillée
cashier   le caissier
cashier's office   la caisse
chambermaid   la femme de chambre
charges   les frais *(m.)*
checkout time   l'heure du départ *(f.)*
confirmation   la confirmation
credit card   la carte de crédit
deposit   l'acompte *(m.)*, les arrhes (f.)
desk clerk   le (la) réceptionniste
dinner   le dîner
double bed   le grand lit
double room   la chambre à deux lits, la chambre pour deux personnes
dry-cleaning service   le service de nettoyage

extra bed   le lit supplémentaire
(to) *face*   donner sur
faucet   le robinet
(to) *fill out*   remplir
floor   l'étage *(m.)*
full   complet
full board   la pension complète
half-board   la demi-pension
hanger   le cintre
heat   le chauffage
hotel   l'hôtel *(m.)*
included   compris
key   la clé
laundry service   le service de blanchisserie
lavatory chain (flush)   la chasse d'eau
(to) *leave*   partir
light bulb   l'ampoule *(f.)*
lunch   le déjeuner
meal   le repas
modified American plan (breakfast and lunch or dinner)   la demi-pension
operator   le (la) standardiste
pillow   l'oreiller *(m.)*
price   le prix
registration card   la fiche
registration desk   la réception
reservation   la réservation
(to) *reserve*   retenir, réserver
room   la chambre
service   le service
shower   la douche
single room   la chambre à un lit, la chambre pour une personne
sink   le lavabo
soap (bar of)   la savonette
socket (electrical)   la prise
stopped up   bouché
suitcase   la valise
tax   la taxe
(to) *telephone*   téléphoner
toilet   la toilette
toilet paper   le papier hygiénique
tourist office   le syndicat d'initiative
towel   la serviette
twin beds   les lits jumeaux *(m.)*
(to) *work*   fonctionner

Les courses (Chapitre 12)

bag   le sac
bottle   la bouteille
box   la boîte
bread   le pain
bread store   la boulangerie
bunch   la botte, le pied, la grappe, le bouquet
can   la boîte
container   le pot
butcher shop   la boucherie
cake   le gâteau
cash register   la caisse
cheese   le fromage
cheese store   la fromagerie
chicken   le poulet
corner grocery   l'épicerie du coin *(f.)*
cream   la crème
dairy store   la crémerie
duck   le canard
fish   le poisson
fish store   la volaillerie
fresh   frais
frozen   surgelé, congelé
fruit   le fruit
fruit vendor   le marchand de fruits
gram   le gramme
grocery store   l'épicerie *(f.)*
half   demi
hard   dur
head (lettuce)   la laitue, la pièce
How much?   C'est combien? Ça fait combien?
hypermarket   l'hypermarché
kilo   le kilo
(to)   *look*   avoir l'air
market   le marché
meat   la viande
milk   le lait
open-air market   le marché en plein air
pack   le pack
package   le paquet
pastries   les pâtisseries
piece   le morceau, la tranche
pork butcher shop   la charcuterie

pound   la livre
ripe   mûr
roll   le rouleau
section   le rayon
shellfish   les fruits de mer *(m.)*
shopping cart   le caddy, le chariot
slice   la tranche
soft   mou
supermarket   le supermarché, la grande surface
teabag   le sachet de thé
tough   dur
vegetable   le légume
vegetable vendor   le marchand de primeurs (de légumes)

Le restaurant (Chapitre 13)

after-dinner drink   le digestif
bill   l'addition *(f.)*, la note
butter dish   l'assiette à beurre *(f.)*
champagne goblet   la coupe à champagne
cheese   le fromage
(to) *choose*   choisir
(to) *coat lightly*   arroser
cocktail   l'apéritif *(m.)*
coffee   le café
credit card   la carte de crédit
cup   la tasse
daily special   le plat du jour
dessert   le dessert
dinner plate   l'assiette *(f.)*
drink   la boisson
expresso   la demi-tasse, l'express *(m.)*
first course   l'entrée *(f.)*
fish   le poisson
fixed price   le prix fixe
fork   la fourchette
fowl   la volaille
fruit   le fruit
game   le gibier
hors d'oeuvre   le hors-d'œuvre
knife   le couteau
meal   le repas
meat   la viande
medium (cooked)   à point
menu   le menu

 mineral water l'eau minérale *(f.)*
 napkin la serviette
(to) *pay* payer
 pepper le poivre
 pepper shaker la poivrière
 place setting le couvert
 rare saignant; *very rare* bleu
(to) *recommend* proposer
 reservation la réservation
(to) *reserve* réserver
 restaurant le restaurant
 salt le sel
 salt shaker la salière
 saucer la soucoupe
 sauerkraut la choucroute
 service le service
 shellfish les crustacés *(m.)*, les coquillages *(m.)*
 soup le potage
 soup dish l'assiette à soupe *(f.)*
 soup spoon la cuiller à soupe
 specialty of the house la spécialité de la maison
 table la table
 tablecloth la nappe
 teaspoon la cuiller
 tip le pourboire
 vegetable le légume
 waiter le garçon, le serveur
 well-done bien cuit
 wine le vin
 wine glass le verre à vin
 wine list la carte des vins

La cuisine (Chapitre 14)

 blender le mixer
(to) *boil* faire bouillir
 cake pan le moule à gâteau
(to) *chill* refroidir
(to) *cook* faire cuire, faire la cuisine
 cookie tray la plaque à biscuits
 double boiler le bain-marie
 electric range la cuisinière électrique
 food processor le robot de cuisine
 freezer le congélateur
(to) *fry* faire frire

       frying pan   la poêle, la sauteuse, la friteuse
       gas stove   la cuisinière à gaz
(to) *grill*   faire griller
       handle   la queue
(to) *heat*   réchauffer
       ice cube tray   le moule à glaçons
       kitchen   la cuisine
       lid   le couvercle
       microwave   le four à micro-ondes
       oven   le four
(to) *overcook*   faire trop cuire
(to) *prepare*   préparer
       pressure cooker   l'autocuiseur *(m.)*
       refrigerator   le réfrigérateur
(to) *roast*   faire rôtir
       roasting pan   la rôtissoire
       saucepan   la casserole
(to) *sauté*   faire sauter
       stove   la cuisinière
       stove top   la surface de cuisson
(to) *turn off the stove (oven)*   éteindre le feu (le four)
(to) *turn on the stove (oven)*   allumer le feu (le four)
(to) *undercook*   ne pas faire cuire assez

Chez le coiffeur pour hommes (Chapitre 15)

       back   derrière
       beard   la barbe
       clippers   la tondeuse
(to) *cut*   couper
       hair   les cheveux *(m.)*
       haircut   la coupe (de cheveux)
       hairdresser   le coiffeur
       long   long
       mustache   la moustache
       neck   le cou
       on the left   à gauche
       on the right   à droite
       part (hair)   la raie
       razor   le rasoir
       scissors   les ciseaux *(m.)*
       shampoo   le shampooing
       short   court
       side   le côté
       sideburns   les pattes *(f.)*

top   le haut
(to)   *trim*   tailler, rafraîchir

Chez le coiffeur pour femmes (Chapitre 16)

blow-dry   le brushing
coloring   la couleur
combing-out   le coup de peigne
curly   frisé
(to)   *cut*   couper, faire une coupe
dye job   la couleur
hair   les cheveux *(m.)*
hair dryer   le séchoir
haircut   la coupe
hairdresser   le coiffeur
hairspray   la laque
large rollers   les gros rouleaux *(m.)*
manicure   le manucure
nails   les ongles *(m.)*
nail polish   le vernis à ongles
permanent   la permanente
set   la mise en plis
rinse   le rinçage
rollers   les rouleaux *(m.)*
scissors   les ciseaux *(m.)*
small rollers   les petits rouleaux *(m.)*
straight   raide

Les vêtements (Chapitre 17)

baggy   ample
beige   beige
belt   la ceinture
bordered   frangé
boutique   la boutique
brown   marron
button   le bouton
button panel   le boutonnage
canvas   en toile
cash register   la caisse
checked   à carreaux, carré
clothing   les vêtements *(m.)*
coffee-colored   café
collar   le col
color   la couleur
counter   le comptoir

cream crème

creased à pinces

cuff (shirt) le poignet, la manchette; *(pants)* le revers

dark blue bleu foncé

department store le grand magasin

display window la vitrine

dressing room le vestiaire

embroidered brodé

epaulette l'épaulette *(f.)*

(to) fit aller bien

fly la braguette

fringed frangé

heel le talon

hem l'ourlet *(m.)*

high heel le talon haut

(to) hurt faire mal

lapel le revers

leather en cuir

light blue bleu clair

lined doublé

lining la doublure

long long

loose ample

low heel le talon bas

man l'homme *(m.)*, le monsieur

navy blue (bleu) marine

narrow étroit

neck (shirt) l'encôlure *(f.)*

olive olive

(to) pay payer

pink rose

pleated (pants) à pinces; *(skirt)* à plis, plissée

pocket la poche

price le prix

print imprimé

ready-to-wear department le rayon confection, le rayon prêt-à-porter

rubber sole la semelle de caoutchouc

sales clerk le vendeur, la vendeuse

salmon saumon

sand sable

shoelaces les lacets *(m.)*

shoes les chaussures *(f.)*

short court

size la taille, la pointure

      sleeve   la manche
      steel grey   gris acier
      striped   à rayures, rayé
      tight   étroit, serré
(to)   *try on*   essayer
      unisex   unisexe
      waist   la taille
      wide   large
      woman   la madame, la dame, la femme
      zipper   la fermeture éclair

La teinturerie et la blanchisserie (Chapitre 18)

      dirty   sale
      dirty laundry   la lessive, le linge sale
(to)   *dry clean*   nettoyer à sec
      dry cleaner's   la teinturerie, le pressing
      dry cleaning   le nettoyage à sec
(to)   *have pressed*   faire repasser
(to)   *have washed*   faire laver
      laundry (shop)   la blanchisserie, la laverie; *(clothes)* le linge
(to)   *press*   repasser
      soap powder   la lessive (en poudre)
      starch   l'amidon *(m.)*
(to)   *starch*   amidonner
(to)   *wash*   laver
      wrinkled   chiffonné, froissé

Le médecin (Chapitre 19)

      allergic   allergique
      allergy   l'allergie *(f.)*
      antibiotic   l'antibiotique *(m.)*
(to)   *be dizzy*   avoir des vertiges
(to)   *be nauseous*   avoir des nausées
      blister   l'ampoule *(f.)*
      blood pressure   la tension artérielle
      blood type   le groupe sanguin
(to)   *breathe*   respirer
      cachet, wafer (any type); dose (of any compressed or powdered medicine)   le cachet
      capsule   la capsule
(to)   *care for*   soigner
      chest   la poitrine
      chills   les frissons *(m.)*
(to)   *come to*   reprendre connaissance

constipation   la constipation
(to) *cough*   tousser
diarrhea   la diarrhée
doctor   le médecin, le docteur
doctor's fee   l'honoraire *(m.)*
ear   l'oreille *(f.)*
electrocardiogram   l'électrocardiogramme *(m.)*
(to) *examine*   examiner
(to) *exhale*   souffler, expirer
(to) *faint*   s'évanouir
(to) *feel*   sentir
fever   la fièvre
flu   la grippe
(to) *give an injection*   faire une piqûre
(to) *have a cold*   avoir un rhume, être enrhumé
head   la tête
headache   le mal à la (de) tête
hospital   l'hôpital *(m.)*
(to) *hospitalize*   hospitaliser
(to) *hurt*   faire mal
illness   la maladie
(to) *inhale*   inspirer, respirer
injection   la piqûre
(to) *itch*   démanger
(to) *lie down*   s'allonger
(to) *listen with a stethoscope*   ausculter
lozenge   le cachet
lung   le poumon
medicine   le médicament
menstrual period   les règles *(f.)*
mouth   la bouche
office   le cabinet
packet   le sachet
pain   la douleur
painful   douloureux
patient   le (la) malade
physical exam   l'examen médical *(m.)*
pill   la pilule
pimple   le bouton
(to) *prescribe*   prescrire
prescription   l'ordonnance *(f.)*
pulse   le pouls
rash   l'éruption *(f.)*, les boutons *(m.)*, les taches rouges *(f.)*

(to) *roll up one's sleeve*   retrousser la manche
 serious   grave
 slight headache   le léger mal de tête
(to) *sneeze*   éternuer
 sore throat   le mal à la gorge, l'angine *(f.)*
 specimen   l'échantillon *(m.)*, le spécimen
 stethoscope   le stéthoscope
 stomach   l'estomac *(m.)*
 stretcher   le brancard
 symptom   le symptôme
 tablet   le comprimé
(to) *take a blood sample*   faire une prise de sang
(to) *take a deep breath*   respirer à fond
 temperature   la température
 throat   la gorge
 tired   fatigué
(to) *undress*   déshabiller
(to) *x-ray*   faire une radiographie, radiographier

Un accident (Chapitre 20)

 accident   l'accident *(m.)*
 bandage   le pansement
 Band-Aid   la bande
 blood   le sang
 bone   l'os *(m.)*
(to) *break*   casser
 cast   le plâtre
 compound fracture   la fracture compliquée
 crutches   les béquilles *(f.)*
(to) *cut*   couper
 dressing   le pansement
(to) *fall*   faire une chute
(to) *hurt*   blesser
(to) *remove*   s'enlever
 scar   la cicatrice
(to) *set the bone*   réparer l'os
 sprain   la foulure
(to) *sprain*   fouler
 stitches   les points de suture *(m.)*
(to) *twist*   tordre
 wound   la blessure

L'hôpital (Chapitre 21)

admissions office   le bureau d'admission
ambulance   l'ambulance *(f.)*
emergency room   la salle des urgences
emergency workers   les prompts-secours *(m.)*
(to)   fill out   remplir
form   le formulaire
heart attack   la crise cardiaque
hospital   l'hôpital *(m.)*
hurt   blessé
illness   la maladie
insurance company   la société (compagnie) d'assurance
insurance policy   la police d'assurance
insured person   l'assuré(e)
patient   le (la) malade
(to)   stretch out   s'allonger
stretcher   le brancard
wheelchair   le fauteuil roulant

La pharmacie (Chapitre 22)

adhesive tape   le ruban de tissu adhésif
alcohol   l'alcool *(m.)*
antibiotic   l'antibiotique *(m)*
athletic support band   la bande de tissu élastique
bandage   le pansement
bottle   le flacon
box   la boîte
capsule   la capsule
cough syrup   le sirop pour la toux
dose   le cachet
first-aid kit   la trousse de secours
iodine   la teinture d'iode
medicine   les médicaments
mouthwash   le rince-bouche
package   le paquet
pharmacist   le pharmacien
pharmacy   la pharmacie
pill   la pastille, la pilule, le comprimé, la tablette
powdered medicine (packaged as a dose)   le cachet
prescription   l'ordonnance *(f.)*
shampoo   le shampooing
tissues   les kleenex *(m.)*

toothbrush   la brosse à dents
toothpaste   le tube de dentifrice
tube   le tube

Les activités culturelles (Chapitre 23)

actor   l'acteur *(m.)*, l'interprète *(m.)*
actress   l'actrice *(f.)*, l'interprète *(f.)*
adventure movie   le film d'aventures
(to)   *applaud*   applaudir
art   l'art *(m.)*
audience   le public, les spectateurs *(m.)*
available   disponible
balcony   le balcon
box   la loge, la baignoire
box office   le guichet, le bureau de location
cartoon   le dessin animé
comedy   la comédie
costume   le costume
curtain   le rideau
curtain call   le lever du rideau, le rappel
detective movie   le film policier
documentary   le documentaire
(to)   *enter on stage*   entrer en scène
exhibition   l'exposition *(f.)*
feature film   le grand film, le long-métrage
film   le film
full   complet
horror movie   le film d'épouvante (d'horreur)
intermission   l'entracte *(m.)*
lighting   l'éclairage *(m.)*
mezzanine   le premier balcon, la corbeille
movie theater   le cinéma
museum   le musée
nightclub   la salle de spectacles
orchestra seat   le fauteuil d'orchestre
performance   la représentation
play   la pièce
porno film   le film porno (pour adultes, érotique)
(to)   *put on (a performance)*   monter
(to)   *reserve*   louer, réserver
romance film   le film d'amour

row   le rang
scene   la scène
scenery   le décor
science fiction movie   le film de science-fiction
screen   l'écran *(m.)*
seat   la place, le fauteuil
session   la séance
short film   le court-métrage
show   le spectacle
(to)   *show*   passer, présenter
spy movie   le film d'espionnage
stage   la scène
star   la vedette
theater   le théâtre
ticket   le billet, l'entrée *(f.)*
ticket seller   le guichetier, la guichetière
ticket window   le guichet
tragedy   la tragédie
upper balcony   la galerie, le paradis, le poulailler

Le sport (Chapitre 24)

back (left, center, right)   l'arrière (gauche, central, droit) *(m.)*
backstroke   la nage sur le dos
ball   la balle, le ballon
breaststroke   la brasse sur le ventre
butterfly stroke   la brasse papillon
chair lift   le télésiège
cross-country skiing   le ski de fond (de randonnée)
(to)   *dive*   plonger
diver   le plongeur
diving   le plongeon
diving board   le plongeoir
doubles   la partie en double
downhill skiing   le ski alpin
feet-first entry (dive)   l'entrée pieds premiers *(f.)*
floating (on one's back)   la planche
freestyle   le crawl
game   la partie, le match
goal   le but, la porte
goalie   le gardien de but
golf   le golf

golf club   la crosse
golf course   le terrain de golf
golfer   le golfeur
grandstand   les tribunes *(m.)*, les gradins *(m.)*
halfback   le demi
head-first entry (dive)   l'entrée tête première *(f.)*
hole   le trou
ice skate   le patin à glace
ice skating   le patinage
ice-skating rink   la patinoire
(to)   *kick*   donner un coup de pied
lifeguard   le maître-nageur
lift (ski)   le remonte-pente
(to)   *lose*   perdre
net (tennis)   le filet
net ball   la balle de filet
opponent   l'adversaire *(m. or f.)*
out of bounds   hors des limites
(to)   *pass*   faire une passe
path   le parcours
penalty   le penalty
(to)   *play*   jouer
player   le joueur
pomelift   le téléski à perches
pomelift seat   la rondelle
pool   la piscine
racket   la raquette
(to)   *return*   renvoyer
roller skate   le patin à roulettes
score   le score
(to)   *score*   marquer
scoreless game   le jeu blanc
scuba diving   la plongée sous-marine
sea   la mer
(to)   *serve*   servir
shorts   le short
sidestroke   la nage sur le côté
singles   la partie en simple
skate   le patin
ski boot   la chaussure de ski
ski instructor   le moniteur
ski pole   le bâton
ski resort   la station de ski

  ski slope la piste
  skier le skieur
  skiing le ski
  skirt (tennis) la jupette
  slalom hill la piste de slalom
  soccer le football
  stadium le stade
  sweat band (head) le serre-tête; *(wrist)* le serre-poignet
(to) *swim* nager
  swimming la natation
  T-bar la barre
  team l'équipe *(f.)*
  tennis le tennis
  tennis court le court (le terrain) de tennis
  tennis shoes les chaussures de tennis *(f.)*
(to) *tie (a game)* égaliser
  tram le téléphérique
  turn le virage
  waterskiing le ski nautique
(to) *whistle* siffler
(to) *win* gagner
  windsurfing la planche à voile
  wing (left, right) (soccer) l'ailier (gauche, droit) *(m.)*

Le logement (Chapitre 25)

  air conditioning la climatisation
  apartment l'appartement *(m.)*
  apartment building l'immeuble *(m.)*
  attic le grenier
  balcony le balcon
  basement le sous-sol, la cave
  bathroom la salle de bains
  bedroom la chambre à coucher
  brick en brique
  city la ville
  closet la garde-robe, l'armoire *(f.)*, le rangement, le placard
  courtyard la cour
  dining room la salle à manger
  door la porte, l'entrée *(f.)*
  elevator l'ascenseur *(m.)*
  first floor le premier étage
  floor l'étage *(m.)*
  front door l'entrée (la porte) principale *(f.)*

  garage le garage
  garden le jardin
(to) *go down* descendre
(to) *go up* monter
  ground floor le rez-de-chaussée
  hall le vestibule, le couloir, le dégagement
  heat le chauffage
  house la maison
  kitchen la cuisine
(to) *live* habiter
  living room le salon, la salle de séjour
  luxury apartment l'appartement de grand standing *(m.)*
  monthly payment l'échéance mensuelle *(f.)*
  mortgage l'hypothèque *(f.)*
  owner le propriétaire
  private house la maison individuelle (privée, particulière)
(to) *rent* louer, prendre en location
  renter le locataire
  room la pièce
  running water l'eau courante
  side door l'entrée latérale
  staircase l'escalier *(m.)*
  stone en pierre
  suburb la banlieue
  terrace la terrasse
  wall le mur
  window la fenêtre
  wood en bois

L'enseignement (Chapitre 26)

  algebra l'algèbre *(f.)*
  art l'art *(m.)*, les arts *(f.)*
  biology la biologie
  boarder le (la) pensionnaire, l'externe *(m. or f.)*
  cafeteria la cantine, le réfectoire
  calculus le calcul
  chemistry la chimie
  class la classe
  commuter le (la) demi-pensionnaire, l'externe *(m. or f.)*
  computer science l'informatique *(f.)*
  course le cours, la matière
  degree le diplôme; *masters, graduate* la licence
  department la faculté

diploma   le diplôme
(to)   *do well*   réussir
doctorate   le doctorat
domestic sciences   les sciences domestiques *(f.)*
dormitory   le dortoir
elective   facultatif
elementary school   l'école primaire *(f.)*
faculty   les enseignants *(m.)*
(to)   *fail*   échouer
foreign languages   les langues étrangères *(f.)*
geography   la géographie
geometry   la géométrie
grade   la note
(to)   *graduate*   être diplômé
gymnastics   la gymnastique
high school   le lycée
history   l'histoire *(f.)*
(to)   *learn*   apprendre
locker   le casier
major   la spécialisation
(to)   *major in*   se spécialiser
math   les maths *(f.)*
middle school   le collège
music   la musique
natural sciences   les sciences naturelles *(f.)*
nursery school   l'école maternelle *(f.)*, le jardin d'enfants
opening day of school   la rentrée des classes
(to)   *pass*   passer, réussir
primary school   l'école primaire *(f.)*
professor   le professeur
public school   l'école laïque
registrar   l'intendant *(m.)*
(to)   *register*   s'inscrire, s'immatriculer
required   obligatoire
schedule   l'emploi du temps *(m.)*
scholarship   la bourse
scholarship recipient   le boursier, la boursière
school   l'école *(f.)*
secondary school   l'école secondaire *(f.)*
semester   le semestre
social sciences (studies)   les sciences sociales *(f.)*
sociology   la sociologie
student   l'élève *(m. or f.)*, l'étudiant(e)
subject   la matière

(to) *take a course* suivre
(to) *teach* enseigner
    teacher l'instituteur *(m.),* l'institutrice *(f.),* le maître, la maîtresse
    thesis la thèse
    trigonometry la trigonométrie
    tuition les frais d'inscription *(m.)*
    university l'université *(f.)*

Le travail (Chapitre 27)

    artisan's studio l'atelier *(m.)*
    base salary le fixe
    bonus la prime
    boutique la boutique
    businessperson l'homme d'affaires
    company l'entreprise *(f.),* la société
    degree le diplôme
    diploma le diplôme
    doctor le médecin
    employee l'employé(e)
    factory l'usine *(f.)*
    farm la ferme
    farmer l'agriculteur *(m.),* le fermier
    field le champ
    full-time job le travail à temps plein
    government employee le fonctionnaire
    hospital l'hôpital *(m.)*
    interview l'interview *(f.)*
    job le travail, le poste
    job application la demande d'emploi
    management la gestion
    merchant le commerçant
    nurse l'infirmier *(m.)*
    office le bureau
    part-time job le travail à temps partiel
(to) *recruit* recruter, rechercher
    references les références *(f.)*
    retired people les retraités *(m. or f.)*
    salary le salaire, la paye
    school l'école *(f.)*
    secretary le secrétaire
    store le magasin
    student l'étudiant(e)
    teacher le professeur
    temporary job le déplacement de courte durée

       town hall   la mairie
       unemployed person   le chômeur
(to)   *work*   travailler
       worker   l'ouvrier *(m.)*
       working population   la population active

Le temps (Chapitre 28)

       autumn   l'automne *(m.)*
(to)   *be (cold, hot, etc.)*   faire
       clear   clair
       cloud   le nuage
       cloudy   nuageux, couvert
       cold   froid
       cool   frais
       drizzle   le crachin
       fall   l'automne *(m.)*
       fog   le brouillard
(to)   *freeze*   geler
       hail   la grêle
       light   léger, faible
       lightning   l'éclair *(m.)*
       moderate   modéré
(to)   *pour (rain)*   pleuvoir à verse
       rain   la pluie
(to)   *rain*   pleuvoir
       rainy   pluvieux
(to)   *shine*   briller
       shower   l'averse *(f.)*
       sky   le ciel
       sleet   la grêle
       snow   la neige
(to)   *snow*   neiger
       spring   le printemps
       storm   l'orage *(m.)*
       strong   fort
       summer   l'été *(m.)*
       sun   le soleil
       sunny   ensoleillé
       thunder   le tonnerre
       warm   chaud
       weather forecast   la météo
       What's the weather like?   Quel temps fait-il?
       wind   le vent
       winter   l'hiver *(m.)*

Index

In the following Index, the numbers in bold indicate the page number in the Appendix of the vocabulary list for each communicative topic in the book.